河洛文化艺术

HELUO WENHUA YISHU

耿建新 主编

李宪广 副主编

化学工业出版社

·北京·

内容简介

河洛文化是黄河文化的重要组成部分，在中华文明发展进程中具有重要地位，是中华文明的源头之一。

《河洛文化艺术》从河洛文化的源头开始，梳理华夏民族的源文化、根文化，揭示中国“和文化”的本源，展示洛汭地区自古以来河洛文化艺术的特色和发展成就，阐述物华天宝的洛汭之地和源远流长的河洛文化在黄河文化、中华文明中的地位和作用，使读者在学习、工作、生活中注入更多的文化内涵，提高自身道德修养和艺术素养，增强文化自信，更好地传承和弘扬中华优秀文化。

《河洛文化艺术》可供高等学校文化艺术专业及其相关专业教学使用，也可供广大传统文化、艺术设计爱好者参考。

图书在版编目（CIP）数据

河洛文化艺术 / 耿建新主编 ; 李宪广副主编.
北京 : 化学工业出版社, 2024. 9. -- ISBN 978-7-122-46109-4

Ⅰ. K296.13

中国国家版本馆CIP数据核字第2024CX3107号

责任编辑：丁建华　李翠翠　杨　菁　　装帧设计：刘丽华
责任校对：李　爽　　封面纹样：石维涵

出版发行：化学工业出版社（北京市东城区青年湖南街13号　邮政编码：100011）
印　　装：北京瑞禾彩色印刷有限公司
787mm×1092mm　1/16　印张9½　字数296千字　　2024年9月北京第1版第1次印刷

购书咨询：010-64518888　　售后服务：010-64518899
网　　址：http://www.cip.com.cn
凡购买本书，如有缺损质量问题，本社销售中心负责调换。

定　　价：59.00元

序言

翻开眼前这本《河洛文化艺术》，好像游走于时光隧道之中，又如聆听古往今来一首首清新儒雅的琴曲。这是一本雅俗共赏的、具有开创性的、非常接地气的高校教材，对莘莘学子以及校外读者均有开阔视野、了解河洛文化、提高人文素养、开悟艺术思维和创造能力之效。

河洛地区在多元一体的中华文明发展进程中具有极其重要的地位，河洛文化是以河图洛书、太极八卦为标志的根文化，几千年来通过儒、释、道的融合形成了中国传统文化的主流。在跨经九省的黄河文化宏大体系中，河洛文化艺术是其重要的组成部分。而河洛文化发祥地的核心地点，就在巩义境内的河洛汇流处，在洛汭大地上。

巩义这座有着数千年历史的河洛古城，风景如画，名人如织，处处闪耀着灿烂厚重的文化艺术光辉，“伸手一抓，就是秦砖汉瓦；双脚一踏，满地史前文化”。正如2019年教育部专家前来郑州商学院进行本科教学评估时对巩义的印象：小地方，大历史！

郑州商学院的师生，居于河洛地区最中心的物华天宝之地。学校方圆20公里之内，嵩山、青龙山、猴山、邙山、黄河、洛河、河洛交汇处、伏羲画卦台、黄帝河洛坛、河洛古国、夏都斟郡、花地嘴遗址、东周故城、黑石关、慈云寺、石窟寺、兴佛寺、兴洛仓、诗圣故里、北宋皇陵、康百万庄园、民国巩县兵工厂、常香玉故里，以及5座新老县城旧址等一大批自然山水和名胜古迹星罗棋布，撒满洛汭大地。校区所在地，就是唐三彩的发祥地大黄冶村和小黄冶村，当年南北十里，窑场密布，玉川萦流，炉火熊熊，烧造的唐白瓷、唐三彩等生活用品和艺术品，从这里装船，进入洛河、黄河，顺着隋唐大运河运往全国，沿着陆上、海上丝绸之路销往世界各地。可以说，郑州商学院就处在河洛文化艺术的怀抱之中，师生们都生活在文化底蕴厚重、艺术特色鲜明、钟灵毓秀、人杰地灵的河洛文化核心区，沐浴着优秀传统文化的阳光雨露。学校开设“河洛文化艺术”课程，编纂《河洛文化艺术》教材，有着得天独厚的条件。

“河洛文化艺术”特色课程的开设，是融合“文化·艺术·思政”素质教育的创新实践，更是落实“讲好黄河故事，坚定文化自信”的教育实践。它有助于彰显河洛文化在黄河文化、华夏文明中的地位和作用；有助于提高学生的道德素养，拓展学生地域文化知识的广度和深度，增强学生的艺术感悟能力；有助于在教学中融入更多的文化内涵，激发艺术的守正与创新。《河洛文化艺术》教材就编写的特色和方法而言，注重思想性、文化性、艺术性、创新性的有机统一，全书结构缜密，逻辑性强，内容详略合宜，图片适配得当，语言简洁明快，娓娓道来。善读之可引人渐入佳境。

与作者认识算来已有五六年了，我深深了解到，“河洛文化艺术”自调研规划到开课讲授，从编写讲义再到修书出版，是一个巨大而精细的开创性系统工程。3 年多来，耿建新教授四处奔波，广征博采，翻阅经典，日夜兼程，辛苦撰写；李宪广院长百忙中勤于审校，精心统稿。他们传承河洛文化、弘扬华夏文明的精神令人赞叹；他们精益求精、一丝不苟的治学态度令人钦佩；他们用心血和汗水浇灌出来的《河洛文化艺术》值得精研细读。

阎兴业

2024 年 4 月

前言

“讲好‘黄河故事’，延续历史文脉，坚定文化自信，为实现中华民族伟大复兴的中国梦凝聚精神力量”，是习近平总书记的嘱托，是实现中国式现代化的内在要求，也是我们黄河儿女义不容辞的责任与担当。

在黄河文化带上，河洛文化是一颗耀眼的明珠。在新石器时代晚期，河洛地区适宜的气候、充足的水源、肥沃的土地吸引了从西北高原游猎而来的远古部落。我们的祖先以黄河与洛河交汇处的洛汭地带为圆心，在河洛地区绘出了裴李岗文化、仰韶文化、龙山文化的文明色彩，留下了伏羲文化、炎黄文化、大禹文化的生活印记。中华文化发达的根系，生长出繁茂的文化枝叶。至今，这棵大树依然茁壮成长！

郑州商学院坐落在河洛文化核心区，我们喝的是河洛水，踏的是河洛土，听的是河洛汇流之弹奏，闻的是河洛大地之木香。我们有得天独厚的地域条件，有高校的资源优势，我们更应该讲好河洛故事，让一切热爱传统文化的读者，更加系统、深入地了解河洛文化，同时，也让我们的学生在专业学习中进一步得到河洛文化的滋养。为此，我们开设了“河洛文化艺术”课程，并编写了这本配套教材。

本教材在体例上注重河洛文化历史演进的内在联系，以文化发展为主线，结合大量的图例，用“丝线串珠”的形式，串联河洛文化之源、洛汭重要遗址、洛汭博物珍藏、洛汭古建艺术、洛汭地方戏曲、洛汭民俗文化、洛汭古今名人等内容，突出洛汭地区积淀深厚的文化特征和艺术魅力，使河洛文化这串明珠，在黄河文化带上闪耀出更加璀璨的光芒。

在编撰过程中，我们得到了郑州商学院领导和有关部门的关心；得到了巩义市文物局局长朱星理和副局长王磊、巩义市文化广电旅游体育局非遗科科长逯晓菲、巩义市博物馆馆长白相国以及孙角云和李瑞瑞老师、巩义市网络舆情研究中心主任马世营、原巩义市文化馆非遗科科长魏国杰、巩义黄河河务局局长钱定坤和副局长袁冬青以及退休干部雷宇、大峪沟镇政府驻村干部常宝和海上桥村总经理张子亮、河洛镇副镇长赵丹和香玉故里景区负责人闫思思、洛口村老支书曹拴成和新任支书曹兴玉、巩义市香玉小学校长张晓辉、河南中孚实业股份有限公司副总经理曹景彪等单位及其领导和同志们的支持；得到了非遗传承人李金士、曹慧贞、尚继业、常跃辰、游光明、韩红立、牛师曾、孟宪利、李红丽等老师们的指导；得到了巩义市对河洛文化颇有研究的阎兴业、侯发山、宋二鹏、王保仁、李书升、刘福兴、张海霞、孙新治、王霞、刘体宽、郅会琴、李正品以及摄影家邵保华、钟兆辉、曹振普、乔海通等朋友们的帮助；得到了艺术学院李小亚、张斌、张振中、马前进、武钾赢、侯佳、李帅、和殿贤、牛琳琳、周明珠、王瑶、景芳芳、赵越，现代教育中心彭磊科长、质评中心张晓辉主任、外语学院张发祥教授、管理学院吴兴军教授等同仁们的支援；得到了石维涵、管超、李抒窈、李书朋、张慧娴、程乾玉、智京都、梅亚男等学生的协助；还得到了外地朋友洛阳师范学院历史文化学院吴涛教授、兰州大学环境资源学院王鑫教授、郑州工商学院和一亮老师、新乡市美术教师吕砚军教授和赵俊岭教授、郑州动漫者数字科技有限公司市场总监李林涛、扬州剪纸大师章荣、湖北丹江口市摄影家胡文波和吴兴涛等朋友的隔空相帮。由于篇幅所限，恕不能一一列出，在此，一并致以深深的谢意！

在博大精深、源远流长的河洛文化面前，我们仅是从中掬出几朵浪花。由于认识的局限性，我们对河洛文化艺术的探索还显粗浅，本书不尽、不足之处肯定还有很多，祈望各位学人贤士慧眼辨谬，不吝斧正，以便我们再版时修订。

编者

2024年4月

目录

第六章 洛汭民俗文化

第七章 洛汭古今名人

参考文献

第一章 河洛文化之源

【学习目标】

知道“河洛”名称的概念，分析河洛文化的起源，懂得河图的符号意义及演变过程，明白《易》的本质；会用本章文化元素创作文学、艺术作品。

【思政要点】

树立文化自信，用太极八卦的核心思想破除迷信，理解“易学”对现实的指导意义。

【知识拓展】

微信扫描二维码获取

黄河，中华民族的母亲河，孕育了上下五千年灿烂的中华文明。2019 年 9 月 18 日，习近平总书记在黄河流域生态保护和高质量发展座谈会上讲道：在我国 5000 多年文明史上，黄河流域有 3000 余年是全国政治、经济、文化中心，孕育了河湟文化、河洛文化、关中文化、齐鲁文化等。总书记提到的“河洛文化”，是指起源于河洛地区、以河洛交汇为中心的区域性文化，是中华文化的源头之一。

第一节 黄河洛水交汇——河洛文化的第一个音符

一、地球上唯一的河洛交汇处

黄河，从青海省的巴颜喀拉山脉出发，流经青海、四川、甘肃、宁夏、内蒙古、山西、陕西、河南、山东 9 个省（区），至山东东营市垦利区注入渤海。黄河自西向东，呈“几”字形，犹如挥舞的一条长长丝绸，一路奔腾高歌，九曲十八弯，形成了黄河九省文化带（图 1–1）。

洛河，发源于陕西华山南麓的洛南县洛源乡，向东流入河南境内，与黄河并行，一路低吟浅唱 447 公里，流经卢氏、洛宁、宜阳、洛阳、偃师，直至巩义北部注入黄河（图 1–2）。

图 1–1 黄河九省文化带示意图

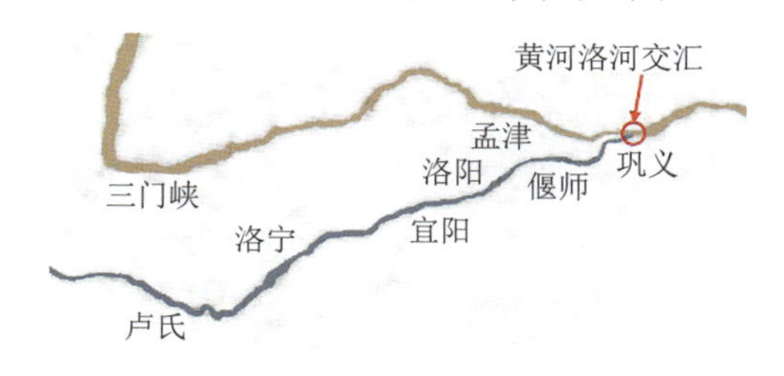

图 1–2 洛河流经巩义境内与黄河交汇示意图

黄河裹挟着泥沙从上游、中游奔腾而来，跳过壶口 [图 1–3（a）]，越过三门峡，如奔跑多时的撒欢野马，渐渐放慢了脚步 [图 1–3（b）]。傍晚，彩霞满天，黄河披着长长的丝带，静静向东流淌，到巩义市河洛镇段区，与温柔的洛河相遇，形成了地球上唯一的“河洛交汇”处 [图 1–3（c）]。这一奔涌、一静谧的水流，清浑有气，刚柔有致，于交汇处弹奏出河洛文化的第一个音符。

（a）壶口瀑布

（b）黄河巩义段

（c）河洛交汇

图 1–3　刚柔有质的河洛交汇

4000 多年前，大禹治水，过洛汭播九河，九九归一，留下了千古绝唱；2000 多年前，黄河下游，汉武帝率 10 万大军，楔竹桩、填草石，留下了“瓠子堵口”的悲壮史诗；400 多年前，明朝兵部尚书潘季驯，筑堤束水，以水攻沙，留下了“束水攻沙”的智慧赞歌。

近几年，在黄河流域生态保护和高质量发展的战略部署下，巩义黄河河务局在河洛交汇处修筑控导工程，绿化导流大坝，保护着河洛汇流的独特景观，助力开发河洛交汇的自然资源和人文资源（图 1–4）。

（a）河洛汇流风景区公园一角

（b）美丽的控导大坝

（c）排列有序的控导工程上游排沙

图 1–4　保护河洛汇流的独特景观

黄河宁，天下平。人与自然和谐相处，成为中国式现代化进程中的一道亮丽的风景线。

生态环境的优化，引来了鸟类的栖息。一群鹳鸟在悠闲看风景［图 1–5（a）］，而摄影爱好者在大坝上用镜头留下鸟儿的优美身姿［图 1–5（b）］。河洛交汇处，一片人与自然和谐共处的景象。

生态保护的有力措施，使得河水逐步稳定，黄河不再肆意泛滥，河水也渐渐变得清澈。渔民驾着小鹰船在黄河捕鱼，悠然自得地享受着环境保护带来的幸福生活［图 1–5（c）（d）］。

（a）河洛交汇处的水中鹳鸟

（b）人们用相机拍摄美景

（c）渔民在小鹰船上做捕鱼的准备

（d）洛口村渔民在黄河撒网捕鱼

图 1–5　河洛汇流风景区人与自然和谐共处

河洛汇流风景区成为人们休闲、旅游的打卡地。游人们来到这里，聆听黄河的高歌、洛水的弹奏，体验河洛文化的无尽魅力（图 1–6）。

（a）

（b）

图 1–6　河洛汇流风景区人们休闲旅游

这里还是海外华人寻根敬祖的地方。他们不忘自己是黄河子、河洛人，每年，都会有归来的游子，怀着同根、同祖、同源的虔诚之心走进风景区，站在河洛交汇大堤上，面向黄河洛水，深深鞠躬，敬香朝拜，以此表达对黄河母亲的思念之情和对洛水的留恋之意，诉说和平、和睦、和谐的愿望。

二、与河洛同生的古洛汭

《水经注》记载，洛河“东北流入于河”“谓之洛汭”。汭，指河流汇合或拐弯的地方。以洛汭为原点，万方辐辏，较早形成了考古意义上的河洛文化区。随着历史的演进，河洛文化的区域范围一圈圈向外扩展。正如郑州嵩山文明研究院王文华研究员所指出的那样，裴李岗文化时期和仰韶文化早期，河洛文化区主要以郑州—洛阳地区为中心；龙山文化早期，河洛文化区包括黄河以南、崤山—熊耳山—伏牛山以东、汉江以北、今京广铁路以西；龙山文化晚期，河洛文化区的空间范围发展到今豫东、皖北和鲁西南地区。

而被称为“古洛汭”的巩义，有着史前时期的许多文化遗存。距今 11 万年的洪沟旧石器时代遗址，距今 8000—7000 年的铁生沟裴李岗文化遗址，距今 5000 多年的双槐树仰韶文化遗址等，是河洛地区旧石器时代逐步转向新石器时代的地层依据，代表了古洛汭地区当时先进的生产力和先进文化。

过去，离河洛交汇处最近的，当数巩义市河洛镇洛口村。

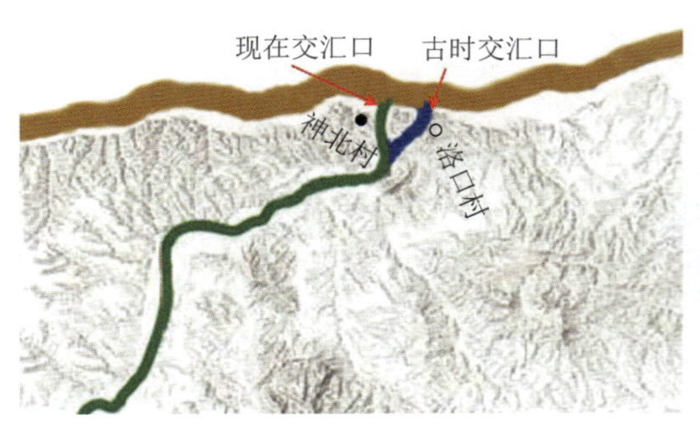

图 1–7　古今河洛交汇口示意图

洛口村位于邙山尾的神都山脚下，黄河南岸，洛河东侧。据村里人说，自古以来，不管黄河或南侵或北滚，洛河或远或近，都是在荥阳至巩义一带交汇的，尤其是在洛口村附近汇流时间最长，因此有了“洛口”这个村名。上年纪的老人回忆说，五六十年代，出村正北就是黄河，水大的时候，黄河都漫延到村北头半条街。那时，出“老圈门”就能看到，洛河从西南老城方向弯弯曲曲沿山沟流过来，从村前向东北不远处与黄河汇流。后来，神都山尾的土丘低岭渐渐浸溶坍塌，洛河下游河道淤塞，河水渐渐从七里铺外滩顺神都山沟底向西滚动，在神北村的东北方注入黄河，成为现在的河洛汇流入口（图 1–7）。

洛口村古代也叫洛口驿、洛口城，隋朝时是一个热闹的水陆驿站。隋炀帝修建大运河和兴洛仓时，为便利工程管理，这里曾设置过一段时间的县治。村口有一座高大的拱圈门，村里人都叫它“老圈门”。老圈门很古老，门两边的楹联更是历史久远，村里传说联文是隋朝留下来的。《资治通鉴》记载，隋文帝开皇二年（582 年）颁旨，在洛口驿伏羲台上敕建羲圣祠。当时羲圣祠刻有对联“休气荣光连北阙，赤文绿字焕东周”。在历史的长河中，羲圣祠早已坍塌，但这副珍贵的楹联，经村里一代又一代人的记忆和流传得以保存。清嘉庆二年（1797 年），一个进京赶考的外地举人路过洛口驿，从一块裂开的石碑上拓印下来“古洛汭”三个字，被村中一曹姓人家保存。嘉庆年间重修老圈门时，村里石匠将这三个字雕刻成石碑砌在门头上。将近二百年后的 1992 年，国家修建高速公路，因运输设备材料的需要，洛口村为支援国家建设将低矮的圈门拆掉以方便通车。直到 1998 年，洛口村老支书曹拴成领着村民在原址上再次修起了现在的老圈门。

(a) 圈门内侧

(b) 圈门外侧

图 1–8　古洛汭老圈门

圈门内侧的门额上，仍然是清嘉庆年间那块“古洛汭”石碑，经过修葺焕然一新 [图 1–8（a）]；圈门外侧的横批“古洛汭”以及对联“休气荣光连北阙，赤文绿字焕东周”则是 1998 年重修圈门的时候，曹支书请巩义籍当代知名书法家陈天然书写 [图 1–8（b）]。从隋朝至今，1400 多年以来，这副楹联虽几经挪移，联文却深深镌刻在洛口人的心中，足见他们对古洛汭的深厚感情，对华夏文明印记保护和传承的自信心和责任感。

洛汭有着独特的地容地貌，是人类居住较早的优选地。自古以来，身处洛阳盆地的洛汭地区，南有中岳山横亘，北有黄河水横贯，洛河从境内蜿蜒穿过，大片大片的冲积平原夹杂着低山土台，形成由平原向高原过渡的丘陵地带。高低错落的黄土山丘，在风雨的冲刷下，顶部被渐渐削平，形成一座座当地人称之为“土塬”的地貌。在黄河和洛水的滋润下，洛汭气候温和，水源充足，土地肥沃，水陆交通便利，优越的地理环境为河洛文化的发展提供了先决条件。

三、河洛之滨的伏羲台

黄河南岸的邙山，从洛阳向东绵延不断，像一排哨兵守护着黄河，到了山脉的尾部，巩义人称之为“神都山”。从洛口村进去，穿过古洛汭老圈门［图 1–9（a）］，向前 10 米左拐，登上东岭，顺小路就上了神都山［图 1–9（b）］。

（c）圆柱形高台地（钟兆辉航拍）

（b）通往伏羲台的山间小路

（a）穿过古洛汭老圈门

图 1–9 从洛口村到伏羲台路径示意

神都山丘陵起伏，沟壑纵横，山顶上有座突起的圆柱形高台地［图 1–9（c）］，自古以来，人们都叫它“伏羲台”。这个面积不算太大、看似极其普通、高高屹立在黄河南岸洛河东岸的土塬，承载着极其厚重的历史。

《周易·乾凿度》记载：“帝王之兴，各起河洛。”

《史记》记载：“昔三代之居，皆在河洛之间。”

《水经注》记载：“黄帝东巡河过洛，修坛沉璧，受龙图于河，龟书于洛。”

《帝王世纪》记载：“尧率诸侯群臣，沉璧于河洛，受图书。”

《竹书纪年》记载：“汤乃东至于洛，观帝尧之坛，沉璧退立……赤文成字，言夏桀无道，汤当代之。” 又载：周公“与成王观于河洛，沉璧，礼毕王退。”

清乾隆十年（1745 年）巩县志记载：“县东洛口东麓曰‘图文麓’，麓下‘羲皇池’。隋文帝开皇二年（582 年）敕建羲圣祠。”

如今，羲圣祠虽然早已坍塌，但大自然赐予的伏羲台遗址还在。圆圆高高的大土台，给考古工作者留下广阔的探寻空间。巩义市考古专家、巩义市博物馆已故馆长王保仁先生，30 年前曾在伏羲台周边及山腰发现了许多陶器碎片，经鉴定，属于原始社会仰韶文化时期和龙山文化时期以及周代古人祭祀所用。20 年前，洛阳一位赵姓考古专家也曾来过伏羲台及其周围探测，发现还有更早的裴李岗文化层，发掘出七八千年以前人们祭祀用的牺牲兽骨。

根据史书记载和考古推测，这里很有可能就是人文始祖观察大自然的圣台，是先祖帝王们修坛沉璧、求吉得兆、向天领命的最佳祭祀场所。

如今，河南省和巩义市人民政府，在高耸的土塬上竖起“伏羲台遗址”石碑（图 1–10），以保护这块文化圣地。

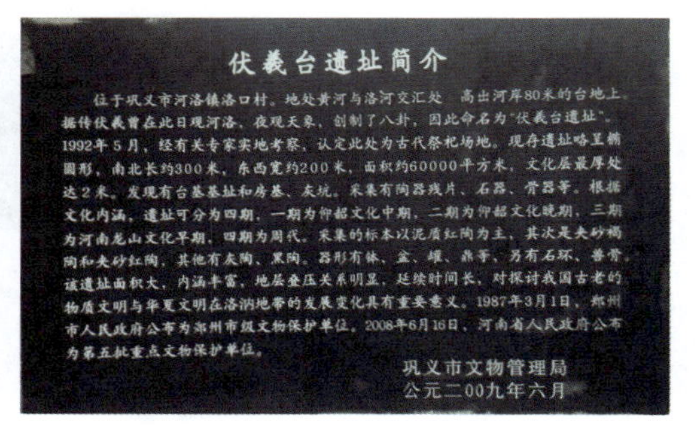

图 1–10　伏羲台遗址文保碑

洛口村的老人们说，在河洛交汇口没有移位之前，站在伏羲台上往下观看，黄河、洛河就在山脚下，清晰可见，一览无余。

如今，每到农历三月，许多河洛人便会登上伏羲台，踩着伏羲曾经的足迹，眺黄河洛水，沐洛汭古风，想象伏羲观天地、察水文的伟岸身躯，缅怀华夏人文始祖的功绩，虔诚表达对天地的敬意和对祖国的热爱，以及对美好生活的向往。

2019 年，巩义民间在伏羲台举办第二届祭拜伏羲大典 [图 1–11（a）]，人们献上花篮、鲜果和五谷，上香祈福：

初上香，敬天地，阳光普照，风调雨顺，普天同庆，迈步小康；

再上香，敬始祖，阴阳平衡，雨露滋润，五谷丰登，硕果累累；

三上香，敬祖国，新时代，新征程，实现中华民族伟大复兴！

（a）第二届祭拜伏羲大典　（b）第三届祭拜伏羲大典　（c）第四届祭拜伏羲大典

图 1–11　祭拜伏羲大典

2023 年 4 月 5 日清明节，第三届祭拜伏羲大典隆重举行。人们在伏羲台上执着寻根河洛，衷心祈福中华［图 1–11（b）］。

2024 年 4 月 3 日，清明节前夕，第四届祭拜伏羲大典在伏羲台隆重举行［图 1–11（c）］。

郑州商学院对河洛文化感兴趣的同学们，也积极到活动现场感受传统文化，感受华夏子孙对人文始祖的感恩与崇拜之情，将课堂上学到的知识与实践相结合，更加深刻领悟河洛文化的魅力（图 1–12）。

图 1–12　郑州商学院学生参加祭拜伏羲大典活动

四、人文始祖伏羲

在中华文明的发展进程中，文字产生之前的历史，虽目前缺少考古实证，但经千万年来人们代代相传被后世记载下来的文字资料，业已成为史前时期重要的历史参照。

在母系氏族社会向父系氏族社会过渡时期，即从狩猎到农耕的转变时期，原来居住在西部高原的华夏先民有一个漫长的大迁徙。传说中的弇兹氏部落、华胥氏（伏羲母亲）部落、女娲氏部落，以及后来的炎帝部落、共工部落、黄帝部落、亶父部落等较大的羌人游猎部落先民，先后越过祁连山、六盘山，顺着湟水、黄河、渭河、洛河等河流不断东进，由海拔高的地区向海拔低的平原寻找更好的生存之地。一些部落被河洛地区先进的农耕文明所吸引，便在此择水而居。历史学家郭沫若先生曾断定，“长期活动的地方应是今河南西部伊水和洛水流域”。

距今 1 万至 8000 年前的裴李岗文化时期，巩义坞罗河两岸平坦的高台上，就有河洛祖先的农耕生活痕迹。1979 年、1984 年，中国社会科学院考古研究所和地方文物部门两次到巩义市铁生沟考古，发现了河洛先民 8000 年前的生活聚落，有半穴式房屋、灰坑，发掘出农耕所用的石铲、石斧、石镰刀，加工粮食用的石磨盘、石磨棒，煮饭盛水用的红陶器等。这些出土文物，是河洛地区较早进入农耕文明的有力证明。此时的河洛地区，已开始了原始农业、手工业、禽畜饲养等文明进程。

华夏民族认同的三皇五帝，是最早在华夏大地撒下文明种子的代表性人物。而伏羲，则是人文始祖第一人。

大约 6000 多年前，伏羲出生在甘肃天水，其母亲华胥氏作为部落首领，为了生存带领部落从天水顺渭河向东迁徙，行至陕西，再顺灞河向东南至蓝田一带定居。伏羲自小聪慧，在母亲的影响下，具备了圣者贤德。长大后，伏羲的才智、勤劳、善良和能力得到了部落人群的敬仰。华胥氏死后，大家推举伏羲为部落首领。伏羲带领大家翻山越岭，顺洛河一路东下。当来到洛汭大地时，这里宜居的气候、充足的水源吸引了他们。于是，伏羲部落在洛汭停留下来，很快融入了河洛地区的农耕文明。伏羲老年时带领部族继续向东南方向迁徙，死后葬于河南淮阳（图 1–13）。

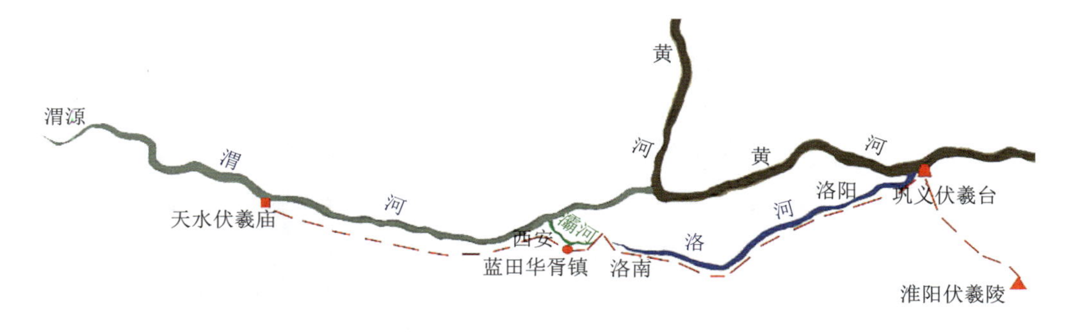

图 1–13　伏羲迁徙线路推断示意图

巩义人认为，伏羲中年时期长期活动在洛汭，伏羲台是伏羲登高望远、一看两河的最佳观测点。河洛交汇处和伏羲台，就是“河出图，洛出书”的地方。

古洛汭流传着这样的神话：一天，伏羲在高高的土塬上观察天地。突然，巨浪翻滚，滔滔河水中跃出一匹龙头马身的神兽，背负一图上到伏羲台，送至伏羲跟前。伏羲知是对万物的神示，于是赋名为“河图”。又一天，一只硕大的乌龟背驮一书，爬上伏羲台，献给伏羲。伏羲知是天象神数，于是赋名为“洛书”。

神话传说是人们对宇宙形成、人类起源、文化由来的追寻，是追寻过程中找不到结果的变通思维。百姓口口相传的时候，往往越传越神奇。关于“河图”“洛书”的神话传说，有人常常引经据典，搬出古书中“河出图，洛出书，圣人则之”的名言，把其中的“出”解释为“从河里出来”，“则”解释为“得到”。在科学知识普及的今天，唯物主义者绝对不会相信有神马、神龟，也不会相信河图、洛书会从黄河、洛水里出来。如果我们错误地理解“出”和“则”，就会抹杀伏羲从大自然中明察秋毫寻找天地规律的辛勤劳动和人文功绩。

《周易·系辞》中的“河出图，洛出书，圣人则之”，意思是在黄河、洛河这一带，圣人（羲皇）做出了“图”和“书”这样的符号。“出”，不是“神献”，而是“完成”“创造出来”的意思，与我们现在常说的“出版了一本书”“完成了一部论著”意思相同；“圣人则之”的“则”，是指圣人制定出“规则、法则”教人遵守。

《易传·系辞》曰：“古者庖牺氏（伏羲）之王天下也，仰则观象于天，俯则观法于地，观鸟兽之文与地之宜，近取诸身，远取诸物，于是始作八卦，以通神明之德，以类万物之情……”其中的“仰”“俯”“观”“取”“作”等动词，较为客观地表明，伏羲是站在高处仰观宇宙，俯察地理。他经过长期观察大自然的变化，并思考事物运动的普遍规律，最终用八卦这种符号揭示万物化生的根本。

《管子·轻重戊篇》记载了春秋时期管子与齐桓公的对话，其中提到“伏羲作，造六峜以迎阴阳，作九九之数以合天道，而天下化之”，明确指出是伏羲制定的规则，起到了教化百姓的作用。

晋朝王嘉在《拾遗记》中也强调：“伏羲为上古，观文于天，察理于地……是以图书著其迹，河洛表其文。”意思是说，河图洛书是人文始祖伏羲在黄河、洛河交汇处，经过长期观察思考后的研究成果。其中名词“图书”与“河洛”，动词“观”“察”“著”“表”，皆肯定了伏羲的劳动和创造。

这些古书的记载，把民间神话拉回到现实，把伏羲是“神”还原为伏羲是“人”，我们似乎看到了人文始祖首创文化的画面：

正值中年的伏羲，带领部落在古洛汭居住，与原住民融洽相处，虚心学习耕作技术，同时也教当地人结网捕鱼，制弓狩猎，缝制兽皮和草编等手工艺。伏羲的聪明才智和德行品质赢得了各个部落的拥戴，大家推举伏羲为部落联盟的盟主，尊称“羲皇”。作为首领，伏羲担负着管理众人的职责。在群婚制瓦解、夫妻家庭制建立的时候，他开悟民智，制定婚嫁制度，帮助人们树立家庭观念，构建家庭伦理秩序。他所订立的规则，常用结绳记事的方法挂在树上告示大家（图 1–14）。

图 1–14 伏羲挂绳告示

伏羲为重大仪式造瑟作曲，规范礼仪，借用神的力量，树立信仰，从精神上教化民心；伏羲“造书契以代结绳之政”，使契约的可信度增大，约束力更强；伏羲将祭祀的牺牲用作补充平日饮食，“取牺牲以充庖厨”，以增强人们的体质；伏羲发明杵臼，变石磨盘、石磨棒的“擀”为石杵、石臼的“捣”，提高了粮食原始加工的技巧和效率；伏羲在河洛交汇附近的土塬高台地上（图 1–15），仰观于天，看日出日落、斗转星移，俯察于地，看山川河流、草木荣枯；伏羲根据大自然的运行规律，制定了最初的历法和四季，指导人们遵从时节进行播种和收获，使时间有了尺度，农耕生产更加符合大自然的节奏，形成了中国农耕社会特有的文化面貌和发展走向。

图 1–15 伏羲在伏羲台上仰观天象、俯察两河示意图

图 1–16　伏羲结绳符创河图洛书

伏羲从四季轮回、昼夜更替中观察阴阳对立转化关系，寻找“变”的规律，用一根根绳子结出符号，创造了“河图洛书”（图 1–16），并在河图的符号基础上进一步推演太极和八卦，组成了《伏羲易》，成为中华易学的开山之作。伏羲创造了前所未有的文化，因此，被尊称为华夏人文始祖。

诸多考古证明，“符号”是人类在文字产生之前对文化记录的特有方式。

河图洛书的符号，是人文始祖经过长期观察思考，悟出的宇宙、人生、社会的运动变化最根本的规律，是按照自然法则用“阴”和“阳”两种符号做出来的两组文化代码。从图形符号的形象特征和时代特征来看，在文字产生之前唯有用绳子打结或者打圈，利用数量的多少，随着思考而不断变换图式，反复修改，才能结出河图洛书这样的符号。

可以说，伏羲生在甘肃，葬在淮阳，而在古洛汭的时期，则是他最具创造力的中年时期。伏羲在河洛地区的核心区，开启了河洛文化。古洛汭以河洛汇流为圆点荡漾文化涟漪，以人文始祖为开端聚集中华智慧。相沿不断的中华文明，源头之一即在河洛！

第二节　《伏羲易》——古老哲学的符号特征和文化意理

伏羲创立的河图、洛书、太极、八卦，用点、线、面这些最简洁的图形符号，记录了对大自然的解读和对万事万物最根本的归纳，开启了人与自然的关系研究，蕴含了我国古老的、朴素的、深刻的哲学思想，成为河洛文化的滥觞，是中华民族的根文化、源文化。

一、河图

伏羲把自然现象和生命运动的规律分成最根本的两种符号——“阴”和“阳”，用绳子系出“结”和“圈”进行排列。我们现在看到的河图，应该是后人将伏羲结绳记事的那些符号描绘了下来，变成了黑点和白点。就像今人下围棋似的（图 1–17），伏羲把所能观察到的事物分成黑与白二元对立，寻找其中的运动状态和制衡关系。

解读这个无字天书的文化密码，首先应从河图的“象”“数”“理”“属”进行分析，从中发现河图深奥的天道法则和要表达的核心思想（图 1–18）。

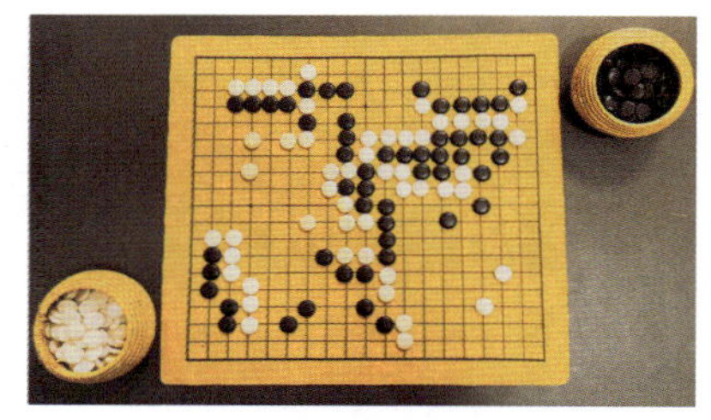

图 1–17　围棋的黑白二元相互制衡

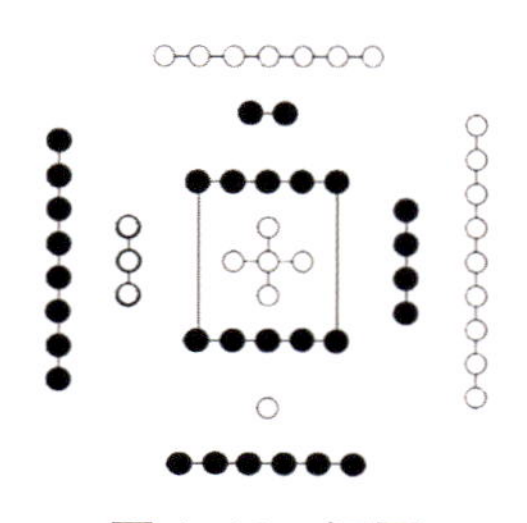

图 1–18　河图

（一）河图之“象”

河图的图形表达，基本手法是“结绳记事”，基本形状是“四方二环一中心”，基本元素是点和圈。其中，“四方”为东、西、南、北四个方向；“二环”就像我们现在的城区道路布局，两条环线围绕着城市中心；也像一个桃子，有桃皮、桃肉和被包裹着的桃核。“一中心”是指中间的“5”和“10”，“10”如桃核硬壳，“5”如桃仁。绳上打结代表“阴”，图中以黑点表示；绳上打圈代表“阳”，图中以白点表示。阳指刚性类的事物，阴指柔性类的事物，天地间万事万物的根本属性，皆为阴与阳两大类。

（二）河图之“数”

河图的阳点和阴点，从 1 到 10 按一定规律排列，阳皆为奇数，阴皆为偶数。其中，1、2、3、4、5 和 6、7、8、9、10 均按“下上左右中”的顺序摆放。1、2、3、4 放在内环，6、7、8、9 放在外环，5 和 10 则放在中心位置，5 居内，10 分列两边护卫。内环与外环，以及 5 与 10，均为内小外大。在数与方位的关系上，1 和 6 在北，2 和 7 在南，3 和 8 在东，4 和 9 在西（注：古人图示的方位与现在我们常用的方位相比照，转了 180 度，四向相反，呈现的是下北、上南、左东、右西），5 和 10 居中，这与天上的星宿运行规律相一致。现代天文学研究表明，每当农历逢五和逢十，土星便会出现在中原大地的正上方，而中原（以河洛为中心的黄河中下游地区），被古人视为“天下中心”。

（三）河图之“理”

河图蕴含着万物不断沉浮生灭的运动变化规律，表达了任何事物都具有阴阳二元关系，都在不停地向对极转化的辩证思想。处在内环的 1、2、3、4、5 这五个数皆为生数，表示“产生”“生发”的意思；处在外环的 6、7、8、9、10 这五个数皆为成数，表示“保护”“促成”的意思，它们形成“生”与“成”的关系。“万物有生数，当生之时方能生，万物有成数，当成之时方能成。”也就是说，任何事情都有发生、发展的过程，在运动变化过程中，符合规律，就受到保护，就能成功；违反规律，则将遭到破坏，就会失败。河图还告诉我们一个道理，“一分耕耘一分收获”。

天地万物，林林总总，万般姿态，繁绕纷呈。河图拨开现象看本质，用奇数和偶数表示阴阳两极，用 1 ～ 10 的数字摆放出一定的图式，不仅体现了古人对宇宙“道”的思考，也体现了古人对“大道至简”的追求。

（四）河图之“属”

对于抽象的河图，人们很难与已知的、熟悉的事物联系。战国时期，齐国上大夫、阴阳学家邹衍解读河图密码，在河图的五个方位附上五种物质形态，即金、水、木、火、土［图 1–19（a）］，使河图的属性有了具象的解码。

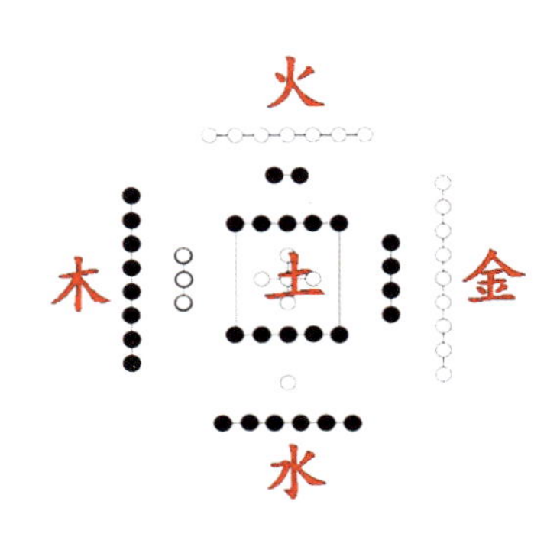

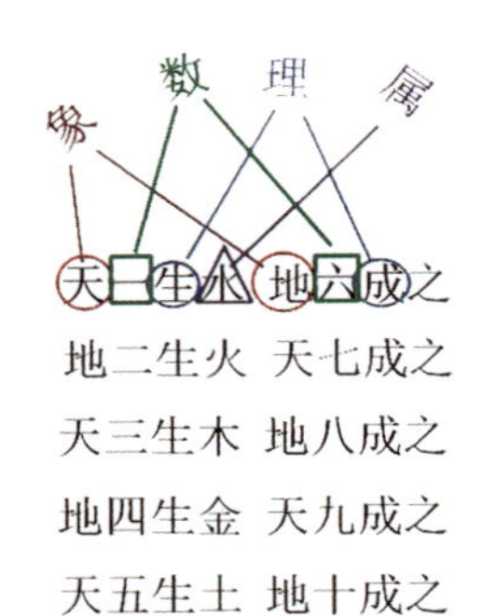

（a）五行与河图对应　　（b）天地万物生与成的关系

图 1–19　五行学说示意图

由河图派生出来的五行学说认为，北方属水，南方属火，东方属木，西方属金，中间为土。古人对大自然属性的认知，是以河洛地区为中心，用身体感受天地气候特征。向北，温度越来越低，越来越冷，故而水旺；向南，温度越来越高，越来越热，故而火旺；向东，植物茂盛，郁郁葱葱，故而木旺；向西，山石坚固，矿藏丰富，故而金旺；而脚下的中部，平原旷野，土地肥沃，故而土旺。

五行学说按河图“阳为天、阴为地”的归属分类，同时按照数的分布和五方属性，进一步推演出“天一生水，地六成之；地二生火，天七成之；天三生木，地八成之；地四生金，天九成之；天五生土，地十成之”，巧妙地揭示了河图表示的天地运行互生互成的对立统一关系 [图 1–19（b）]。

西汉时期，有人将五行等距离放在一个圆中（图 1–20），根据金、水、木、火、土五种物质的内在属性和功能，发现了“顺旋相生，隔一相克”的事物运动规律，在金、水、木、火、土之间，对应解释河图所示的阴阳关系，归纳出大自然一切物质“相生相克”的朴素辩证法，用形象化的五行生克关系进一步解读河图无字天书的密码。

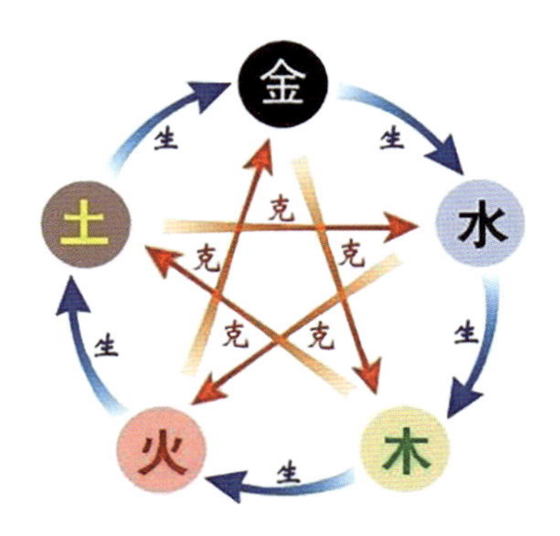

图 1–20　五行相生相克示意图

河图的象、数、理、属，是古人对日出日落、月盈月亏、群山起伏、大河奔流、阡陌曲直、百草枯荣、四季变换周而复始、五方地理皆有不同等自然现象的长期观察，是对人自身生老病死、成败立毁的细微审视，是古人在思考中寻根求源，不断归纳出来的最古老、最朴素的辩证法和宇宙观。

河图成为我国易学的开端，为太极图奠定了基础。

二、太极

（一）太极之“象”

人们颇为熟悉的太极图形象，是由河图旋转推演而来的。

将方形的河图，改变直角结构，把不同位数的白点黑点分别由小数到大数顺时针弧形旋转，使之变化为黑白两条半环线，形成双螺旋结构，再按数字的大小描出粗细，便形成了一黑一白两个环抱着的鱼形，河图中心的 5 个白点和 10 个黑点，则不论数字大小皆画成等圆，以相反颜色摆放在鱼头部位，犹如两只鱼眼，古人名曰“太极图”（图 1–21）。

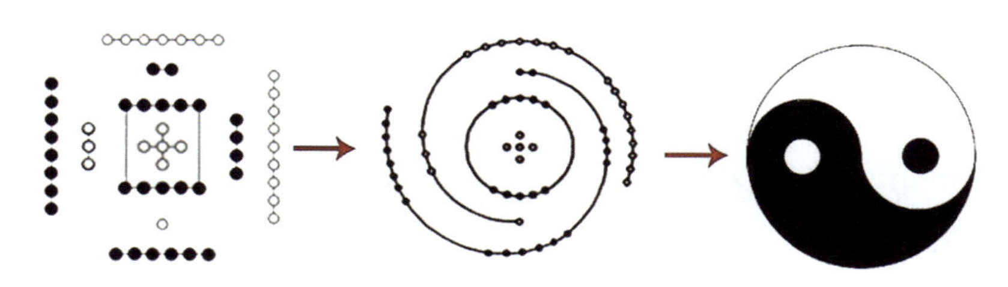

图 1–21 从河图推演至太极示意图

河图由点变为线，由线变为面，突破了原来点状排列的局限性。由方形变为圆形，在造型上是一个颠覆性的改变。这个演变过程，使河图的深奥之理进一步形象化。在没有文字的时代，伏羲把宇宙的运动规律用黑白两色涡流状表示，用大头小尾的环抱鱼形代替河图黑白点的静态分布，这不管是思想性还是艺术性方面，都是一个极大的创造。

太极图形是结绳记事时期伏羲对河图进一步推演的结果，是符号的跨越式发展，也是伏羲在河洛交汇一定条件下出现的 S 形水纹面前的顿悟（当黄河、洛河水流接近 3000 立方米 / 秒时，两河汇流处就会出现 S 形交汇线，犹如太极图的阴阳交界线。2018 年 9 月 12 日曾出现过）。

（二）太极之“理”

太极图是河图由点到面的演变，其理相通。“太”是“最”“极端”的意思，“极”指顶端、最高点、尽头处、本源，太极图就是对河图所表达的宇宙本源的进一步解释。

伏羲认为，宇宙最初是混沌一片，是“无极”状态，是一种气体。混沌的气体在运动中不停旋转，渐渐清浑分明，形成两极状态，称作“太极”。太极是指天、地、人运动的最大值、最基本的规律，是宇宙万物之源，是一切矛盾的事物在纷繁复杂中最基本的解决纲领。

太极图的形态和用色，充满了朴素的辩证法。黑与白，解读为“阴”与“阳”，代表矛盾的两个方面，比如：高低、大小、冷热、动静、盈亏、盛衰、强弱等一切二元对立现象；两个圆点（俗称鱼眼）摆在对立的颜色中，传达了阴中有阳、阳中有阴的辩证关系；阴鱼和阳鱼的相向涨缩，表明二元对立不是静止的，而是不断朝着对立面相互转化，巧妙揭示一切事物此消彼长、物极必反的运动规律。

太极图两鱼环抱，所透出来的“你中有我，我中有你，和而不同，包容共生”的核心思想，是中国所独有的“和”文化精神内涵的图式表达，中华民族在太极“和文化”的思想影响下，几千年来文化从没有中断，国家一直在整体的赓续中发展。

太极图是对所有事物最根本的解释，是一个看似简单实则复杂的辩证关系图示。随着人们对世界万事万物纷繁复杂的不断发现，太极图缺少对生活实际的具体解释和指导。对于人类生产生活的多样性发展趋势，太极图的局限性渐渐凸显。怎样用太极思想、阴阳理论去具体解释千变万化的事物？怎样更有针对性地指导人们的生活？怎样把抽象的黑白鱼形变为人们更容易理解的语义？设计出什么样的符号使之变幻无穷？为解决这些问题，人文始祖伏羲将太极图分解细化，进一步推演出八卦图形。

三、八卦

伏羲把太极分解、抽取、变形、重构，组合出八种新形态，代表八大类事物的变化规律，后人取名为“八卦”。

（一）八卦之“象”

太极图的黑鱼用双短线“▬ ▬”表示，代表阴，称为“阴爻”；白鱼用单长线“▬▬”表示，代表阳，称为“阳爻”。

八卦由太极图演变而来，其源头仍须追溯到河图。河图的“点和圈”也就是黑点、白点，旋转演变为太极图的“阴阳鱼”。鱼形的两个面，又拆分为“两短一长”的线，用极简的图形表示太极图的阴和阳，用二元符号的组合和变换，取象比类，代表千变万化的自然现象和千姿百态的繁杂人生。

阴阳两爻成为八卦最基本的“象”，其组合规律是：阴爻、阳爻两两组合，产生四种不同的形象，古人称之为“四象”。四象再各叠加一层阴爻或阳爻，使阴阳爻三三组合，就会出现八种不同的形象，古人称之之为“卦”。这种重构特征，《易传·系辞》中描述得最为精辟：“易有太极，是生两仪，两仪生四象，四象生八卦”（图 1–22）。这里所说的“易”，指的就是河图，是一切生命的本源，是天体永不停歇的运动，是万事万物最基本的变化规律。这段话言简意赅地诠释了河图、太极、八卦的产生顺序和内在联系。

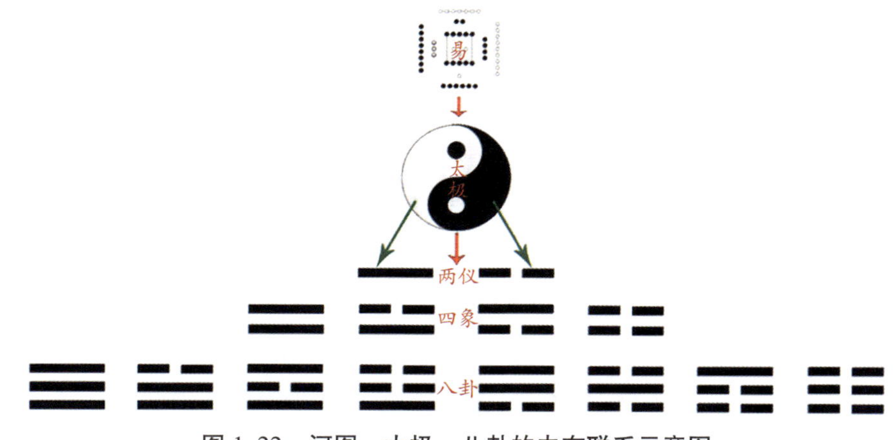

图 1–22　河图、太极、八卦的内在联系示意图

（二）八卦之“数”

阴爻和阳爻不断组合叠加，呈指数增长，可以产生无数种卦象。伏羲只画到八卦，以八卦拟象万物，表达对天地运动的哲思。伏羲的八卦给后人留下了巨大的研究和完善补充的空间，用现代科学的术语来讲，阴爻和阳爻作为基本型，形成二进制，犹如 0 和 1，它们能够无穷尽地排列组合，产生无限的语义。

（三）八卦之“理”

八卦是对河图、太极图的进一步演绎，是对“人类万象”的哲学思辨。

八卦在万物庞杂纷繁的现象中抽取具有代表性的事物，使河图、太极的阴阳学说得到了极大发展，进一步揭示了天地人万事万物永无止境地运动着、变化着、发展着的正确宇宙观，体现了中国古典哲学朴素的辩证法。

根据民间的说法和史书的记载，历史上存在伏羲的先天八卦［图 1–23（a）］和周文王的后天八卦［图 1–23（b）］。伏羲八卦依然只有符号，没有文字，几千年后，周文王给伏羲八卦附上文字，从自然界中提炼出具有象征意义的卦辞“乾、坤、兑、艮、坎、离、巽、震”，用人们熟知的、看得见的物质和现象表示卦意，强调大自然的特征。近代人用白话字再次注释，对应附上使人更容易理解的“天、地、泽、山、水、火、风、雷”八个现代字意。

先天八卦与后天八卦二者卦象不变，位置有异，周文王为方便应用，移动了伏羲卦爻的排列顺序。三千多年来，人们一直以先天八卦为体（本体）来研究古典哲学，以后天八卦为用（应用）来指导生活实践。

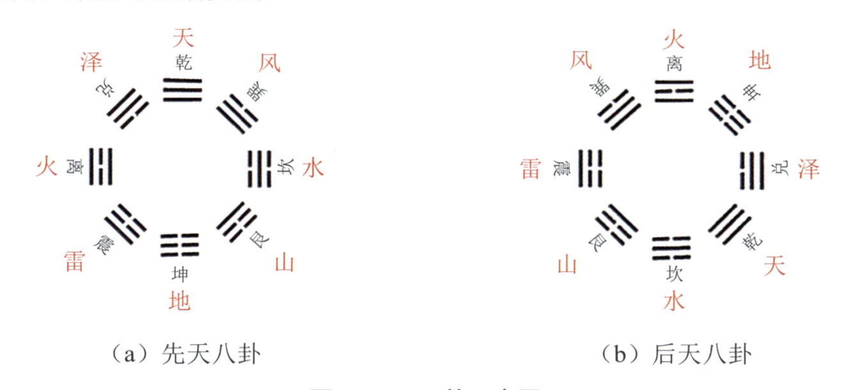

（a）先天八卦　　（b）后天八卦

图 1–23　八卦示意图

八卦代表八大类自然现象的根本，通过借用，取类比象，表达世间万事万物的变化规律，揭示“天地万物、人生万象、物极必反、否极泰来”的辩证关系。

可以将先天八卦看作是日出、日落一个昼夜的交替。顺时针转，“乾”是八卦的起始，也是一天最盛时刻，阳气十足，万物铮明；“巽”是午后，朗朗阳气开始向阴转化，而阴只有一爻，处于弱的地位；“坎”阴孕育着阳，阳悄无声息向阴转化；“艮”是傍晚时分，阴盛于阳，万物趋静；“坤”为正半夜，百姓称为“子时”，万籁俱寂，阳无踪影；“震”为后半夜的开始，沉沉阴气开始向阳化生；“离”由夜向昼过渡，阳气渐升；“兑”已是上午时分，太阳喷薄，阴渐渐隐去，与乾合拢。

也可以将八卦看作是一年四季的流转，春播秋收、夏长冬藏。“乾”为八卦的起点，是一年中阳气最足的季节，夏阳盛烈，光明绚丽；“巽”为夏、秋转换之际，阴气始发，暑尽秋来；“坎”为收获的季节，金秋辉映，瓜熟蒂落；“艮”是向冬天迈进的季节，静守抑止，秋霜无声；“坤”为一年中阴气最盛的季节，冬眠伏蛰，万物归仓；“震”为冬去春来的转换之际，阳气萌动，春芽渐醒；“离”是百谷草木生长的季节，春意盎然，万物竞发；“兑”为春夏之交，阳进阴退，与乾合拢。

八卦两两相对，可以看作是万物衍生的物质基础：以乾坤为父母，万物生于天地之间；以水火为生命之源，万物不竭；风雷鼓动，万物激荡；山泽通气，万物合和。

八卦的卦爻在图形设计上有着很深的涵义，不仅阴爻和阳爻意义不同，每一爻的摆放位置也有微妙之处。纯阳乾卦向纯阴坤卦顺时针转变，阳爻逐次递减。其中乾卦“☰”虽然阳气十足，但是“物极必反”，纯阳中已暗藏阳转阴的趋向；巽卦“☴”将乾卦“☰”最下面一根阳爻变为阴爻，表示纯阳开始了转向纯阴的第一步，此时的阴只有一根爻线，显示较弱的力量；第二步是坎卦“☵”，将乾卦“☰”的上下两根阳爻变为阴爻，表示阴逐渐增多，但是力量比较分散，正在整合，蓄势待发；第三步是艮卦“☶”，表示阴大于阳，量变将要引起质变。经过这三步，到了坤卦“☷”，完成了从纯阳到纯阴的质的飞跃。纯阴坤卦向纯阳乾卦的转变亦同理，是阴爻的逐次递减，仍是由量变引起质变的一个过程。

伏羲用最原始的哲学思维，在河图的符号基础上，进一步推演出太极、八卦，与洛书一起组成了《伏羲易》，成为中华易学的开山之作。

四、洛书

洛书是伏羲继河图之后的又一个创造。

几千年前的伏羲，在洛口土塬这个最佳观测点上，以北极星为参照，观察所能看到的星象在一年中的移动变化，根据观察进行思考、归纳、推理，用绳子打出结和圈，将 1 ～ 9 数按一定规律排列，布局星象矩阵图，后人称作“洛书”[图 1–24（a）]。

洛书与河图、太极、八卦既有关联又相对独立。河图和洛书结绳记事的符号元素虽然都是圈和点，但洛书所表达的是仰观天象的记录和思考，是星空的运行规律，是用数的关系解释宇宙的奥秘。

理解洛书，要从“象”“数”“理”解读。

（一）洛书之“象”

洛书将河图的黑点和白点重新排序，用 1 ～ 9 数构成新的图形，9 个数字模拟了天上九组星宿 [图 1–24（b）]，摆在八方及中间共 9 个方位上，巧以星斗之象，表达日月星辰的运行变化规律。

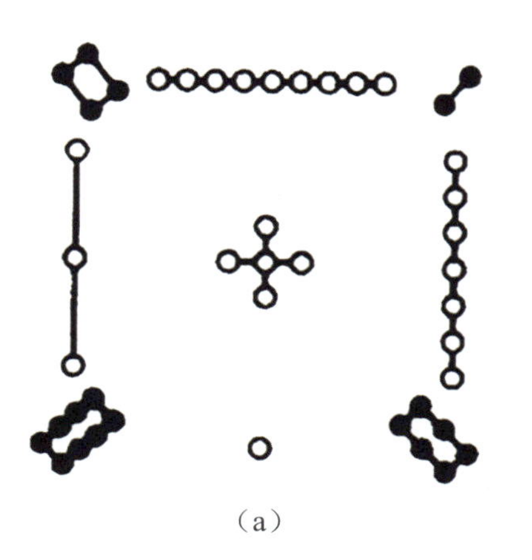

（a）

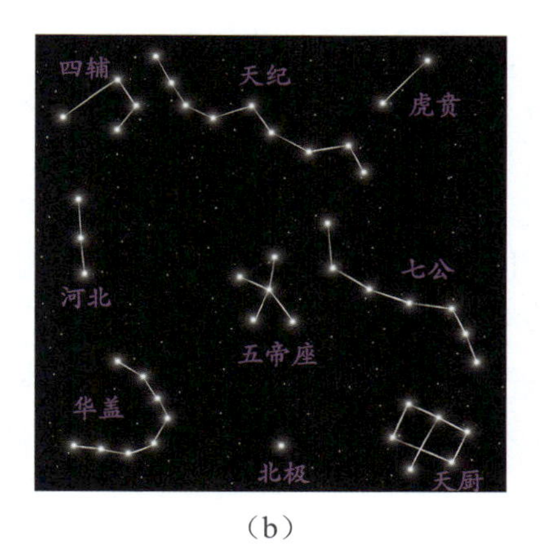

（b）

图 1–24　洛书及星象排列示意图

洛书四正四隅，代表天，表示宇宙穹隆，与四方的河图一起，暗示天圆地方（图 1–25）。

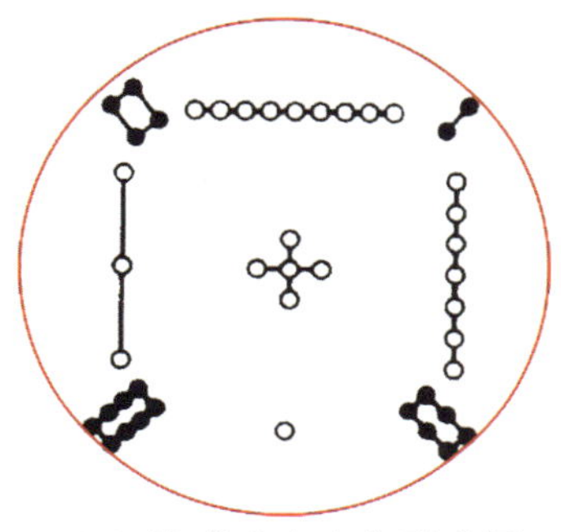

（a）洛书八个方位形成圆

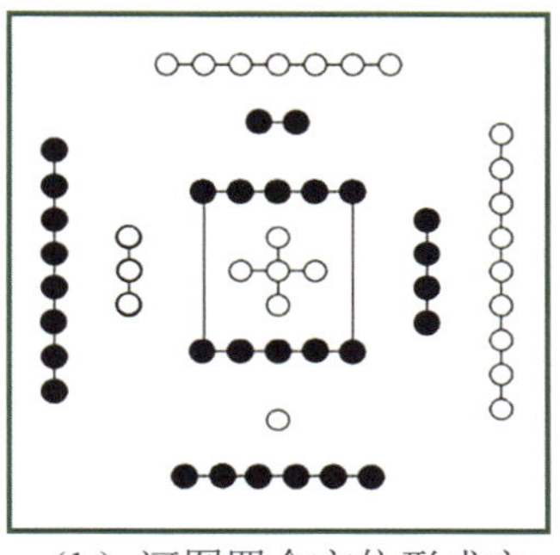

（b）河图四个方位形成方

（c）天圆地方

图 1–25　河图、洛书关系示意图

（二）洛书之“数”

洛书隐藏着许多数字奥妙，是中华术数之源。

将洛书的点和圈按数字放在九宫格里（图 1–26），不管是横、竖，还是对角，相邻的 3 个数相加，均等于 15。

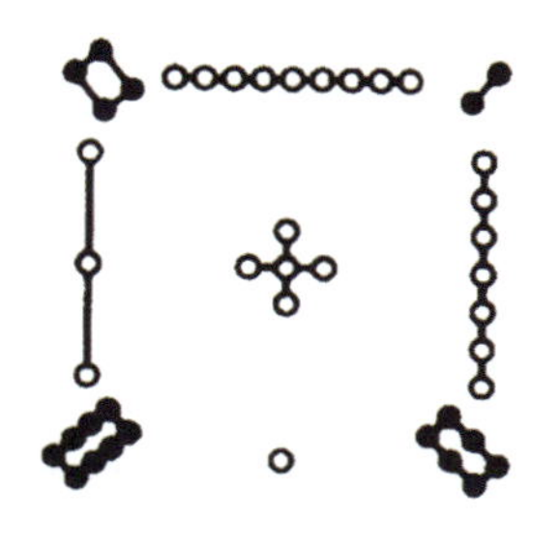

4	9	2
3	5	7
8	1	6

图 1–26　洛书的神奇九宫格

洛书从 1 开始，逆时针转，相邻的 2 个数为一组，相加等于第 3 个数。其中 1＋6＝7，7＋2＝9，9＋4＝13 取 3，3＋8＝11 取 1。（10 以上的数只取个位，即只用 9 以内的数，民间称作“用九”）洛书中心的 5，向上＋9＝左 4，向下＋1＝右 6，向左＋3＝下 8，向右＋7＝上 2，路线恰恰形成了万字符“卍”。

洛书“数”的组合，巧妙奇特，融于一体，具有惊人的规律，并隐藏着更多的数字玄机，有待人们进一步去认识。

（三）洛书之“理”

洛书 1 ～ 9 代表天空宇宙的运动变化，表示万物“有气即有形，有形即有质，有质即有数，有数即有象”。这就像我们现代的天气预报，当冷暖空气（气）激烈交汇，形成强对流天气，人们会看到天空阴云密布（形），随后出现或大风，或大雨，或大雾，或冰雹（质），同时人们会测出温度的高低，雨、雾、冰雹的大小等数字（数），并能描绘出这些物质的形象（象）。

远古先贤用肉眼观测天象，发现天体运行规律，靠的是坚忍不拔的意志和探索真理的决心。今天，人类对宏观世界和微观世界的认知有了很大的进步，发现了更多的宇宙信息，极地考察站、航天空间站、量子力学……都是人类对宇宙的深入探索。

在文化和科学的关系上，科学家常常会把有针对性的文化作为科学研究的参考。就像我国大数学家华罗庚研究了河图、洛书以后，曾断定：河图、洛书是地球文明和其他星球交流的媒介。

五、《伏羲易》的流变过程及其核心思想

河图从“点的组合”，走向太极“面的组合”，再到八卦“线的组合”，表达了阴阳符号的流变过程。这个流变过程在今天看来，外形上，简明的结构具有一定的设计艺术；逻辑上，从万事万物的千变万化中归纳本质，再从本质出发演绎出人间万象；内容上，从凝练极致的二元结构推演到四象八卦以致无穷尽的卦象表达。

河图、洛书、太极、八卦形成了中华民族独有的“和”文化、“五行”文化、“阴阳”文化，以及早期研究星空的“科技”文化，集中体现了《伏羲易》流芳百世的核心思想（图 1–27），为中华民族的文化特质打下了坚不可摧的根基。

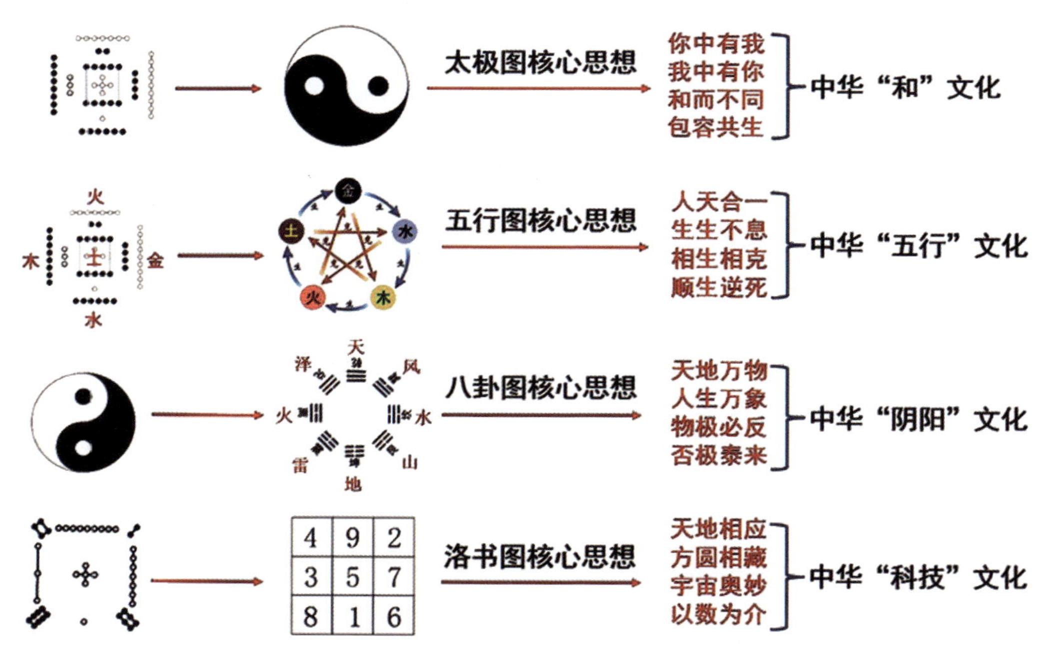

图 1–27　《伏羲易》的流变过程及其核心思想示意图

《伏羲易》是河洛文化的精髓，河洛文化是黄河文化重要的组成部分，黄河文化是中华文明的根文化，它们环环相扣，脉脉相连，根深叶茂，赓续绵延。

第三节　中华智慧——易学文脉的递变相因和赓续传承

一、易学的递变相因

6000年前的伏羲，在巩义古洛汭伏羲台，用符号结出《伏羲易》[图1–28（a）]；3000年前的周文王，在安阳羑里囚室，解读《伏羲易》，用文字+符号创造出《周易》[图1–28（b）]；2500年前的孔子，多次赴洛阳入周问礼，带弟子刻苦学习《伏羲易》与《周易》，韦编三绝，成简十翼，创作出《孔易》[图1–28（c）]。《伏羲易》《周易》《孔易》，具有深刻的渊源，呈链条式传承，螺旋式提升，集成了影响我国甚至世界的中华易学。

（a）伏羲洛汭画《伏羲易》

（b）周文王囚室创《周易》

（c）孔子成简为《孔易》

图1–28　中华易学递变相因

在易学中，《孔易》实践性最强，传播最广。春秋时期，我国的文字早已成熟。《孔易》语言丰富，文辞优美，阐释精准，从社会学的角度出发，把《伏羲易》的抽象和《周易》

的深奥引申到生活实践当中，把阴阳平衡思想与社会秩序以及人的行为规范联系起来，从人生哲理到治国理政，从反思历史到认识万物，以道德为主线，以仁义为核心，以礼仪为典范，以中庸为方法，深入浅出，将河图的阴阳二元关系，太极图的你中有我、我中有你的“和”思想，周文王六十四卦表示的人事道理等加以全面阐述，让人们站在社会现实的层面，从哲理的高度，观照易学的内涵和价值。孔子把中国易学推上了巅峰，完成了我国易学研究的大飞跃，并对世界文化影响至深。《孔易》被世界教科文组织定为全人类第一本指导人生的书籍。1988 年 1 月，国际上 75 位诺贝尔奖获得者在巴黎聚会，瑞典科学家汉内斯·阿尔文博士在会上指出：“人类要生存下去，就必须回到 25 个世纪之前，去汲取孔子的智慧。”

随着历史的发展，中华易学在一代代圣人贤哲、文人学者的研究实践中不断完善，如三国时期王弼的《周易注》，唐代孔颖达的《周易正义》，北宋邵雍的《先天图》，南宋朱熹的《周易本义》等。

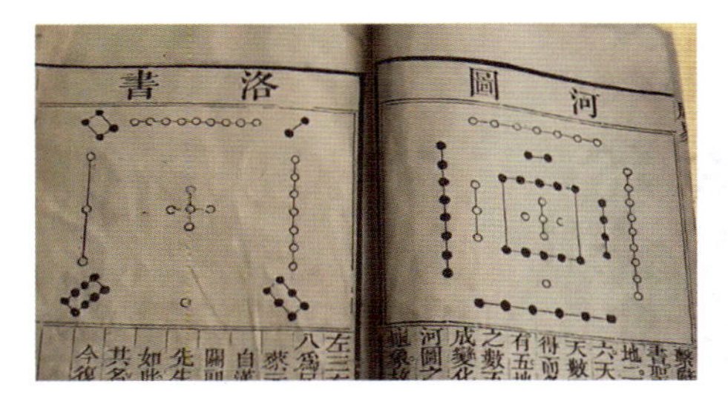

图 1–29　朱熹《周易本义》

理学家朱熹在《周易本义》的首页将河图、洛书作为文论的插图明示于人（图 1–29），《伏羲易》的河图、洛书符号样貌自此在书籍中呈现在世人面前，为易学研究增添了珍贵史料。

朱熹用更加接近今人的语境，破译河图、洛书以及太极、八卦的密码意义。为了便于人们记忆，还将八卦的形态特征编成卦象歌：

乾三连 ☰　坤六断 ☷　震仰盂 ☳　艮覆碗 ☶

离中虚 ☲　坎中满 ☵　兑上缺 ☱　巽下断 ☴

现代人对易学的研究也在不断深入，许多高等院校甚至民间乡里都设有易学研究院、《易经》研究所、河图洛书研究会、河洛文化研究中心等。专家学者、乡贤达人纷纷用现代人的语言解读易学，传承河洛文化，使中华古老哲学的研究延续不断，愈加丰富。

二、易理的赓续传承

几千年来，中华易学深及人伦之理，贯通古今之为，是中华民族取之不尽，用之不竭的智慧源泉，人们在生活、生产、社会、军事、政治等诸多方面，无不受到易学的影响。

大家熟知的二十四节气，是古人在河洛地区通过观察太阳周年运动而对大自然节律的归纳，对农业有着非常重要的指导意义。

二十四节气用时间和空间记录大自然的生命流转，记录日出日落、斗转星移、寒来暑往、物候变化的空间移动，记录春播夏种、秋收冬藏的时间节点，提醒人们“与农时和，适时耕作”。

二十四节气不是一个人的创造，而是历代劳动人民对气候变化长期积累的经验总结，有一个逐步扩展和完善的漫长过程。但是，寻找季节变化明显节点的第一人，依据古书记载，应该是伏羲。

《春秋内事》说，“伏羲氏建分八节以应天气”。相传，先祖伏羲通过观察太阳周年运动和北斗七星一年中的循环，按河图的四个方位先分出“春分、夏至、秋分、冬至”，后来又按照洛书的八个方位，在四季的中间加上了“立春、立夏、立秋、立冬”，成为均匀分布为八个方向的八个节气。

战国时期，阴阳学家追求盖房建院选址的合理性，认为人在天地之间，居住环境不能脱离四周的地形地貌，院落的选址和房屋的朝向要符合周边北高南低、西高东低、向阳背风的环境要求。人们常常把宅院看作是河图的中心，把周边环境看作是河图的东、西、南、北四个方位，并与木、金、火、水相对应，赋上人们熟知的吉祥动物四神形象（图 1–30），形成“左青龙（东木），右白虎（西金），前朱雀（南火），后玄武（北水）”的盖房选址场势布局。这正符合我国北高南低、西高东低的地势地貌总体走向，符合天人合一、顺应自然的意象表达。

图 1–30 四神与河图的对应示意图

古时候在军事布阵上，常有兵家认为，依照八卦的排列是最难攻陷的阵容。据传，黄帝曾用八卦阵大战蚩尤，蚩尤兵困卦中，死伤过半。

在医药方面，古老的中医在阴阳五行之用上最为成功，为中国医药学打下了坚实的哲学基础。唐代大医学家孙思邈说：“不知易不足以言太医”“易具医理，医为易用”。

《黄帝内经》认为，人体在天地之中存在着一个外循环大阴阳关系，人体自身又是一个内循环小阴阳关系。

在大阴阳关系中，天地为阳，人自身为阴，人必须与天地对应，与四时相随，才能够在外循环中达到阴阳平衡。凡病“得之于阳”，风、雨、寒、暑自然气候等这些外部环境对人身有着很大的影响，所以，人要“法天道”，要遵循大自然的变化。比如冬天是养藏的季节，需要养精蓄锐，如果大量透支身体，藏养不够，春天就容易得病，“冬不养藏，春必病瘟”；起居要符合日月规律，“天亮即起，天黑则眠”。

在人体内循环小阴阳关系中，腑脏互为表里、互为阴阳。腑空，为表，为阳；脏实，为里，为阴。腑脏主五官、五轫、五情，与五行四季相对应（图 1–31）。

如图 1–31 所示，同一行的事物之间相互感应，相互平衡，过度则害。比如大怒则伤肝，大喜则伤心，多思则伤脾，常悲则伤肺，惊恐则伤肾。对此，我国古典文学作品中就有体现：范进中举过喜伤心，痰迷心窍；林黛玉过悲伤肺，咯血而死。

五行	五脏	六腑	五官	五轫	五情	四季
木	肝	胆	目	筋	怒	春
火	心	小肠	舌	脉	喜	夏
土	脾	胃 三焦	口	肉	思	长夏
金	肺	大肠	鼻	皮	悲	秋
水	肾	膀胱	耳	骨	恐	冬

图 1–31 五行与人体器官以及四季的关系

图 1–32　血液在冷热水中的融散速度实验

《黄帝内经》还认为，人体内部要冷热均衡，才符合阴阳平衡规律。现代生活中，夏天冷饮是很多人的选择，但是饮用过多或者过快，不但伤及脾胃，血液循环也会慢下来。中央电视台健康节目中有一个实验，在一杯热水、一杯冷水中分别滴入一滴血，出现了明显的两种结果：热水里的那滴血很快融散在水中，而冷水里的那滴血则融散速度非常慢（图 1–32）。这个实验，形象地说明了血液循环在低温下受到的影响，证明了《黄帝内经》中的人体阴阳平衡理论。

阴阳理论是中医辨证施治的根本遵循。比如口腔溃疡是常见的小毛病，我们往往认为这是上火了，很多人会吃些清热解毒的药，但是有的人吃了药却并不见效。中医认为：人体的气血是一对阴阳关系，它们相辅相成，相互制约。血的属性为阴，如果是阴血不足，阳气就失去约束，从阴气中脱离出来，向外浮越，常会生出虚火。当虚火达到上焦，侵灼口腔，则会导致口腔溃疡，这时，补血为要，而降火则为辅。

图 1–33　八卦五行与五脏六腑在手掌上的对应位置示意图

我国古老的手诊将手掌按八卦位置划分区域，用八卦原理和五行学说对应五脏六腑（图 1–33）。中医通过手诊辨别，对人体内部阴阳是否平衡、病灶处在哪个器官、病情到了什么程度、发展下去会有什么结果等等进行判断，再用针砭、艾灸、推拿、草药等手法辨证施治。中医治病，不是单纯的头疼医头、脚疼医脚，而是用联系的观点表里同治，达到人体经络通畅、阴阳平衡的医疗保健目的。

在对待人类文化的多样性上，我国社会学家费孝通先生曾经有这样的著名箴言：“各美其美，美人之美，美美与共，天下大同。”这是站在美学和社会学的高度，用中华“和”文化的观点深刻阐释怎样尊重世界文化的多样性问题。费孝通认为：首先要传承好、培育好、发展好自己本民族的文化，扎牢本民族生存发展的精神根基；其次要尊重不同民族的文化，以平等的姿态欣赏学习其他文化，允许差异，理解个性，和睦相处，尊重多姿多彩的各类文化；还要相互欣赏，相互赞美；最后达到人类文化大交融，实现天下和睦共处。2023 年 10 月 21 日，在中央电视台一套推出的《美美与共》特别节目中，非洲女孩儿希诺乌约 • 姆库拉的一幅“和而不同”绘画作品出现在我国神舟十六号航天飞船上。作品用绘出的五行元素代表中国，与代表南非的动植物等元素组成一个圆，表达了“相知相亲、和而不同”的美好愿望。

易学对现代经济发展也起到了促进作用，很多企业家常常把易学思想融入企业文化中，“阴阳”原理、“和”文化已成为一些企业的普惠性指导。河南巩义最大的知名企业豫联集团的子公司“中孚实业”，采用了《周易》六十四卦中的第六十一卦“中孚”二字和卦象，作为公司标志的设计来源，将公司的视觉识别标志设计为海面上冉冉升起的红日，取“诚信、友好、平衡、上升”等涵义，以此表达企业形象、企业理念、企业文化、企业个性，寓意深刻，视觉冲击力强烈（图 1–34）。

“自强不息，厚德载物”，选自《周易》对乾、坤二卦的解释。乾卦辞曰“天行健，君子以自强不息”；坤卦辞曰“地势坤，君子以厚德载物”，清华大学选择其中的八个字作为教育理念，并用作校训校徽（图 1–35），体现了学校对学子们的人格培养目标和殷殷厚望。

图 1–34　以中孚卦为设计来源的标志

图 1–35　清华大学校徽

中华民族在 5000 多年的文明发展中，“和文化”的文脉从没有断流。春秋时期大儒学家孔子提出的“和而不同”的社会观，宋代大思想家朱熹提出的“和而不同，执两用中”的方法论，道家的“道法自然、与天地参”的宇宙本源思想，佛家的“因缘和合，教人向善”的道德观，皆是维系华夏民族的纽带，也将成为世界和平的共同愿景。

如今，世界各国相互联系、相互依存的程度空前加深，人类生活在同一个地球村，越来越显示“你中有我、我中有你”的“人类命运共同体”特征。习近平总书记在中国国际友好大会暨中国人民对外友好协会成立 60 周年纪念活动上的讲话中明确指出：“中华民族历来是爱好和平的民族。中华文化崇尚和谐，中国‘和’文化源远流长，蕴涵着天人合一的宇宙观、协和万邦的国际观、和而不同的社会观、人心和善的道德观。”中国的“和”文化思想，越来越受到世界上爱好和平的国家和人民的赞誉。

易学，由洛汭起始，霖黄河之润，膺洛水之泽，载宇宙之理，启华夏之智。递变相因的中华文明，赓续传承，根脉不断！

【达标检测】

1. 指出河洛文化的核心区域，简介河洛文化的滥觞。
2. 凭口诀画出河图形状，用图式标出河图的转化过程，用孔子名言分析河图—太极—八卦的内在联系。
3. 用易学的核心思想，解释自己生活中的一些现象。
4. 以河图、洛书、太极、八卦等符号为灵感来源进行艺术设计。
5. 查阅资料，谈谈如何理解中国“和”文化的理论内涵与当代价值。

第二章　洛汭重要遗址

【学习目标】

了解洛汭之地的考古发掘成就，认识河洛文化发祥地的物华天宝，理解古人的生存智慧，分析古文物当中的艺术表现力和创造力，尝试用古遗址、古文物元素设计一款艺术作品。

【思政要点】

河洛文化“历史悠久”“辉煌灿烂”的含义；“民为邦本，本固邦宁”的历史意义和现实意义。

【知识拓展】

微信扫描二维码获取

河洛地区历史悠久，河洛文化源远流长，古洛汭丰富的地下遗存和遗物是历史的最好见证。

在洛汭之地，考古发现的一些万年遗迹、千年宝藏，填补了中华文明关于起源的关键时期、关键地区的关键材料，为华夏悠久历史提供了有力的实物佐证。

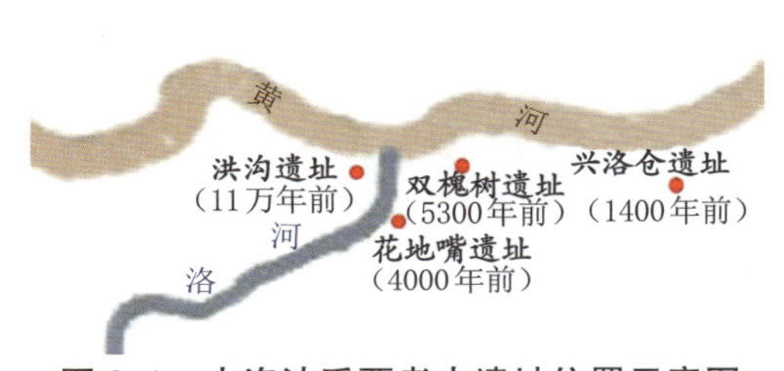

图 2–1　古洛汭重要考古遗址位置示意图

巩义境内发现的古遗迹众多，跨代绵长，其中最典型的有 11 万年前的洪沟遗址、5300 年前的双槐树遗址、近 4000 年前的花地嘴遗址、2000 多年前的铁生沟冶铁遗址以及 1400 多年前的兴洛仓遗址。这些遗址大部分聚集在河洛交汇附近（图 2–1），可见古洛汭是远古人类较早的生活之地。

第一节　洪沟遗址——人象共存的远古

一、伟大的猪发现了远古的化石

洪沟，位于巩义市东北方河洛镇神南村，是黄河南岸神都山下一个狭长的山沟，距离河洛交汇处和伏羲台较近，现为河南省重点文物保护单位（图 2–2）。

图 2–2　洪沟遗址文保碑

洪沟散散落落的窑洞，住着几十户村民。1993 年 3 月初，洪沟村民马孩儿家的一头猪，在隔壁一座废弃的老窑院，不断拱着已经剥落的窑腿。

半月以后，一堆巨大的骨架被拱得裸露出来（图 2–3），引起附近村民的注意。粗壮的骨头既不像牛骨、猪骨，更不像人骨，有人觉得，这是龙骨。“发现龙骨”的消息不胫而走，大家纷纷拿起铁锨、扛起抓钩去挖龙骨。很快，这个破窑洞周围，被挖得千疮百孔、碎骨遍地。河洛镇政府和巩义市文物保护管理所得知消息后，马上派人去现场调查、保护。经专业人员辨认，这根本不是“龙骨”，而是一堆“大象化石”！

图 2–3　**大象骨化石发现处**

所长随即向当地群众宣读了国家关于文物保护的有关政策，并向上级有关部门汇报。洪沟附近的村民们了解了国家的政策以后，纷纷献出捡到的骨化石，才使这次抢救工作得以顺利进行。

在发现大象化石周围的挖掘面上，考古队发现了 8 处原始人“敲骨吸髓”的生活印记：一堆碎骨，夹杂着打石器、石片、石球等打制石头工具，和炭屑、烧土等用火遗迹。除了纳玛象化石［图 2–4（a）］，还有麋鹿［图 2–4（b）］、斑鹿、肿骨鹿等化石遗骨。

（a）大象化石

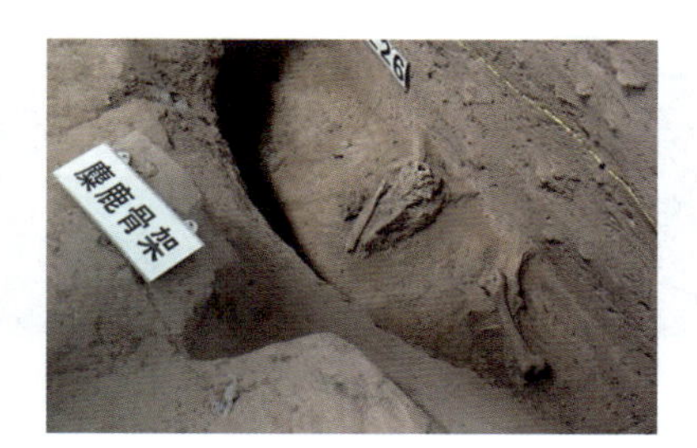

（b）麋鹿化石

图 2–4　**发掘的古化石**

沟底现场还挖掘出 1 米多厚、6 米多长的碎骨堆积层，专家辨认是 4 头大象和幼象的化石。经专家勘探检测，这里是 11 万年前旧石器时代人类生存的地方！传奇的是，这个存在了 11 万年的遗址，竟是一头猪最先拱出来的！

专家将河洛镇村民交回的骨架，连同继续挖掘到的碎骨带到了工作室，用超过三分之一的骨架成功复原，立在人们眼前的是一头硕大的大象化石。专家认定，这是 11 万年以前活跃在黄河流域的纳玛象，现早已绝迹（图 2–5）。

图 2–5　**纳玛象骨架复原示意图**

二、穿越远古洪沟

图 2–6　纳玛象森林漫步想象

据地质演变历史的考证，我国中部地区在 6 亿年前还是一片汪洋大海，太行山只是海底礁石。随着地壳的运动，海水渐渐向东南退去，十几万年之前，中部地区已是热带亚热带气候。这里到处是河流、沼泽、森林，纳玛象、肿骨鹿等许多动物出没在森林草地（图 2–6）。

旧石器时代的原始人，还不懂得磨制狩猎工具，只是随地拣些或者砍砸些顺手的木棒和石块捕猎。他们赤身裸体成群结队在林间采摘野果，追击野兽，以此果腹生存。

这里的洪沟远古人，已会利用丘陵陡坡的自然沟壑顺势作为猎取大型野兽的“陷阱”。大家举着木棒、石块，齐心协力追赶野兽，用群体的力量将大象、鹿赶向悬崖边［图 2–7（a）］。体态硕大的象和身体灵活的鹿拼命向前狂奔，它们不知道前面就是万丈深渊，在冲击力和惯性的作用下，这些野兽临崖难以止步，纷纷跌落沟壑［图 2–7（b）］，犹如跌入陷阱中。

（a）原始人将大象赶向悬崖

（b）奔跑的大象跌入沟底

图 2–7　洪沟人的“陷阱”智慧

图 2–8　远古人烧烤猎物

以狩猎为生的古人们将猎物就地焚烧，围着烤熟的美味，用选拣来的锋利石片、石刀切割成块，啖食其肉，尽情地吃着、跳着（图 2–8）。最后，将吃不完的猎肉用尖而长的木棍串起来，送给山洞里偶遇的妇女儿童。

十几万年前的洛汭祖先，就已经懂得以群体力量和陷阱智慧捕猎食物，展示出河洛地区伟大的原始文明和早期河洛人的聪明智慧。

三、洪沟遗址的文化印记

巩义洪沟南崖下的纳玛象化石，在当时的考古中，位居河南第一、全国第四，但从象属上看，仍是全国第一。

从洪沟遗址发掘的遗存来看，11 万年以前，河洛人的脑发育较快，已具备较高的狩猎能力，懂得“群体”力量和“陷阱”智慧；已知道保存火种，用火烧烤，进食熟肉。黄河流域、河洛地区的先民这些较早的文明进程，为以后的河洛文化发展奠定了较好的基础。

洪沟遗址出土的大象化石，充分说明 11 万年之前河洛地区处于热带雨林气候，就像现在的西双版纳，雨水充沛，气温炎热，森林茂密，动物成群。体态硕大的象，是河洛祖先最热衷捕获的大型猎物。当热带雨林气候逐步南移，直至新石器时代末期，中原地区仍有少量大象活动。人们把捕获的那些相对温顺的动物，慢慢驯化成能受人驱使的家畜。在新石器时代即将谢幕之时，大禹居王位，铸九鼎，划九州，定中原为“豫州”。“豫，象之大者”，犹如一个人牵着大象的模样（图 2–9），这是古人驯化大象的文化印记，具有人与大象共生存的时代特征，古文字与巩义洪沟考古发掘的大象化石一起相互印证了远古中原是不折不扣的“豫象之乡”。

图 2–9　“豫”的象形图示

第二节　双槐树遗址——河洛古国的文明

一、不经意的大发现

1984 年，巩县在全县范围内开始了文物普查工作。当时在县文管所工作的王保仁（后任巩义市博物馆馆长，已故），天天背着标本袋、拿着小钉耙在乡间调查寻找。有一天，王保仁在伏羲台遗址周围挖掘到许多文物标本。在路边歇息的时候，有老乡围着看他拾到的陶器碎片。大家七嘴八舌笑问：“你拾这么多瓦片干啥？”王保仁郑重地说：“这可是四五千年以前老祖宗用过的东西，找到它们可不容易了！”这时，一个叫张放的中年妇女说：“咦！这有啥稀罕的，俺村地里多的是，平整土地都给敲碎了。不信，带你去看看……”他们来到双槐树村附近的岭上，很快，在断崖上发现了灰坑和文化层。王保仁眼前一亮，凭经验，他感到这里应该是一处文物古迹。后来，文管所人员多次在此采集调查，并将文物标本带给省文物专家鉴定。经检测，这里是一处新石器时代仰韶文化时期的遗址。遗址处在双槐树村南的高台土塬上，因此命名为“双槐树遗址”。

随着发掘工作不断深入，调查报告《河南巩义市洛汭地带古代遗址调查》发表在《考古学集刊》上，引起国内外考古学界极大反响和广泛关注。

1994 年，联合国教科文组织出资，组成中美澳联合考古调查团，来到巩义，在洛水两岸展开了拉网式的田野调查，收集到许多宝贵资料。大家集体撰写了《中国文明腹地的社会复杂化进程——伊洛河地区的聚落形态研究》，并以多国文字在国际刊物上发表。

双槐树遗址由我们国家、河南省、郑州市和巩义市文物部门以及国际组织的多次联手，前后历经 40 多年，进行了大量的、系统的、深入的考古发掘和研究。尤其是 2013—2020 年，郑州市文物考古研究院对双槐树遗址开展了连续考古发掘，在 180 万平方米的考古面积上（图 2–10），发掘出许多极有价值的宝藏。

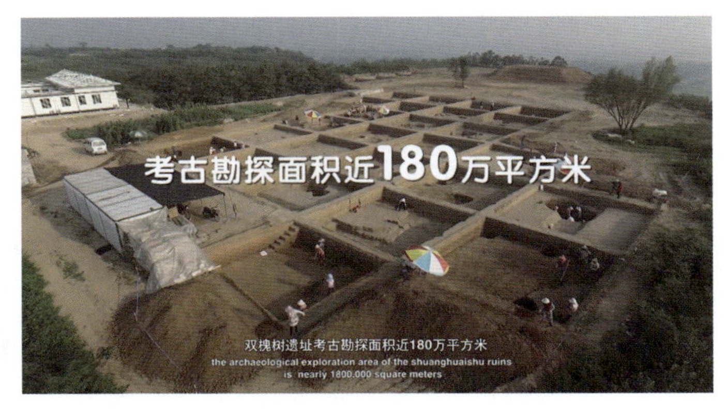

图 2–10　双槐树遗址考古现场

近年来，随着不断发掘，中国社会科学院、北京大学等学术机构多位知名考古学家经现场实地考察和研讨论证，结合检测，认定双槐树遗址是距今 5300 年前后的仰韶文化中晚期一处巨型都邑遗址，早于夏朝 1000 多年。因其位于河洛交汇附近，处于河洛文化中心地带，断代考古专家、北大教授李伯谦先生建议命名为“河洛古国”。双槐树遗址先后被列入“中华文明探源工程”、国家文物局“考古中国”项目、国家社科基金重大项目等，并获评“2020 年度河南省五大考古新发现”“2020 年中国六大考古新发现”。

2020 年 5 月 7 日，河南省文物考古学会在郑州召开新闻发布会，宣布巩义双槐树遗址为古国时代的都邑。

2021 年 4 月 13 日，2020 年度全国十大考古发现公布，以年代排序，第三名便是巩义双槐树遗址。

二、双槐树遗址的地理方位

双槐树遗址位于巩义市东北方向河洛镇河洛交汇处旁的一处高台土塬上［图 2–11（a）］，距黄河南岸 2 公里，距洛河东岸 4 公里［图 2–11（b）］，向西有洪沟遗址，向东紧邻伏羲台遗址，处于古洛汭遗址群的中心。

（a）位于高台地上的双槐树遗址

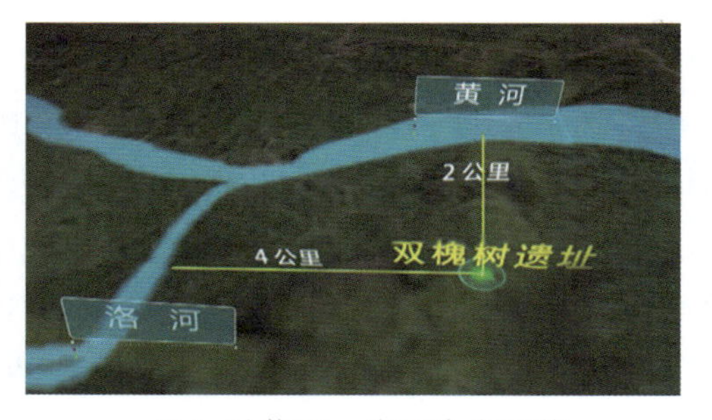

（b）以黄河、洛河为参照物

图 2–11　双槐树遗址的位置

双槐树遗址距地处巩义新区的郑州商学院直线距离约 3 公里。站在双槐树遗址面向南方，顺 2 点钟方向，可隐约看到郑州商学院 [图 2–12（a）]。

（a）从双槐树遗址看郑州商学院

（b）从郑州商学院看双槐树遗址

图 2–12　郑州商学院与双槐树遗址的目视位置

站在郑州商学院图书馆楼顶面向北方，顺 2 点钟方向，可看到双槐树遗址 [图 2–12（b）]。郑州商学院的学子们，有得天独厚的条件瞭望 5300 年前后河洛古人曾经生活过的地方，可以展开想象的翅膀，去体味远古祖先都邑城中的繁华。

三、5300 年前的古国文化

经考古发掘，处于洛汭高台地的双槐树遗址，是目前所见中原地区仰韶文化时期规模最大、等级最高、文化内涵最丰富的聚落。从距今约 6000 年的仰韶文化中期，一直到距今约 4500 年止，新石器时代中晚期一代一代的河洛先人在这座古国之城居住了一千多年。

双槐树遗址发掘出 3 道环壕，1 处大型夯土遗迹，2 处大、小型墓葬区，1 处大型居住聚落，13 处祭祀坑，600 多处灰坑，木骨房基 20 多座，还有分布在四处的陶窑作坊 13 座，并出土了丰富的彩陶和重要的文物标本（图 2–13）。

图 2–13　双槐树遗址布局

发掘的三重大型环壕，是迄今发现的仰韶文化时期最大的防御设施。环壕宽大且深，呈漏斗状，如同我们现在的护城河。3道环壕沟渠相连，每道壕沟都搭有平桥通道，形成内外环壕的连接。内壕有一吊桥遗迹，作为进出城内的可控通道。三重环壕组成的严密防御设施，突显了古国时代高等贵族都邑的安保理念。

大型夯土房基居于内环壕的中心位置，坐北偏西，朝南偏东。这些大型建筑采用版筑法夯筑而成。版筑法是盖房的墙体工艺，即用木板做挡，内填泥土，用杵捣实，段段上升，犹如现在建筑楼体的水泥现浇工艺，只是填充的材料不同而已。大型夯土房基和版筑法墙体，把我国版筑法产生于龙山文化时期的推断提前到仰韶文化时期，向前推进了1000年左右，这在我国建筑史上具有重要意义。居住聚落的房屋呈排状布局，规整有序，地坪考究，显示了当时建筑技术的进步。

围绕中心夯土祭台周边的大型墓葬有1700余座，并经过严格规划，排列整齐的9排大型公共墓葬区处于中环壕西侧，内环壕内侧有小型公共墓葬区。从墓葬区的布局和位置看，应该是有严格的等级之分。大型墓地与祭坛，表明这座5300年前的都邑，有着鲜明的权力与秩序。

从发掘的3处夯土祭祀台、20多处人祭或动物祭的礼祀遗迹来看，这里的祭祀规格较高。祭祀区地面上，嵌埋着许多陶罐［图2–14（a）］。在12号房间，北大教授李伯谦辨认出了其中模拟北斗九星的9个陶罐［图2–14（b）］，推断古国时代人们对天象星辰的图腾崇拜，也佐证了上古时期圣人先贤在此“观文于天”的说法。

（a）双槐树遗址地上嵌着的陶罐

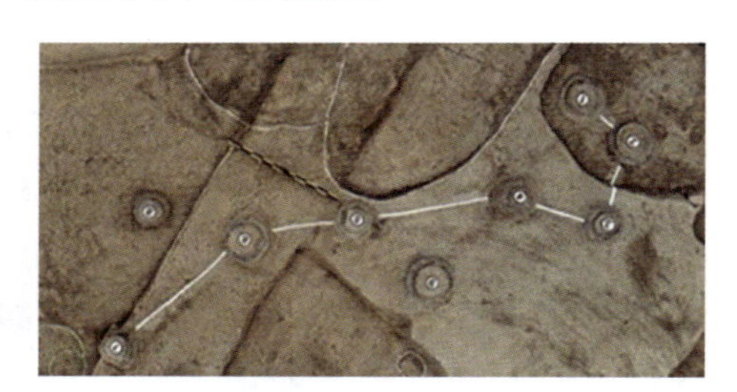

（b）12号房间地上陶罐模拟天上北斗九星

图2–14　地面上嵌埋着许多陶罐

图2–15　天空北斗九星图

进入农耕社会，人们根据天文制定历法。古人观察发现：天上北斗九星（图2–15）的斗柄指向东，大地就迎来了春天；指向南，就到了夏天；指向西，就到了秋天；指向北，冬天就来了。北斗九星，远古时应该都很明亮，辅、弼二星肉眼可见。到了黄帝时期，已经是七现二隐了，辅、弼二星隐隐约约，逐渐变得模糊。现在我们肉眼观天象，只能看到北斗七星，辅、弼二星早已不见。双槐树遗址的古国时代，人们看到的是北斗九星，所以地面陶罐仿照九星位置浅埋摆放，以此来祭祀天上的星神。双槐树遗址仿北斗九星地嵌陶罐，充分说明了古洛汭远古人对天象文化的探索。从北斗九星图案连同祭祀台的建筑定位来看，河洛古人在聚落布局中已高度重视礼仪。

在祭祀区地面上，考古人员还偶然发现了一枚野猪牙雕刻的蚕，经专家反复比对，确定是一只昂头翘尾、欲将吐丝的家养蚕形象（图 2–16）。

图 2–16　野猪牙雕刻蚕与家养吐丝蚕的比较

在我国各地文物考古中，也发现过雕刻的蚕，但都是野蚕形状，而家养蚕的雕刻，双槐树遗址出土的野猪牙雕刻蚕是我国目前发现的唯一一件。

从使用材料上来看，洛汭古人似乎已懂得“借巧”。骨雕蚕昂起的头部，眼睛处刚好有一深褐色的点，犹如活蚕那只感光的眼睛。

5300 年前的古洛汭人，对家养蚕的观察如此细致，雕刻得如此逼真，充分说明了当时的河洛人已掌握较好的立体造型艺术技巧。

在墓葬区，考古人员发现一件葬着儿童的锥形陶器瓮棺 [图 2–17（a）]，其底部有少许碳化丝织物 [图 2–17（b）]。骨雕蚕与丝织物一同出现在双槐树遗址，实证了 5300 年前居住在洛汭地区的先人已会利用家养桑蚕缫丝织绸，这与河南荥阳青台村出土的距今 5500 年左右的丝织品、山西夏县出土的距今 5600 年的半颗蚕茧、浙江湖州出土的距今 4700 年的绢片等，共同印证了仰韶文化时期我国黄河流域和长江流域早已有养蚕缫丝的考古论断，夯实了世界上丝绸最早的源头在中国这一文化地位。

双槐树遗址的制陶作坊区、储水区、道路系统等，功能齐全，区域布局合理，显示了仰韶文化时期都邑的繁华面貌。

双槐树遗址出土了一大批丰富的精美彩陶。其中，太阳月亮纹彩陶罐（图 2–18），呼应了地面上陶罐摆出的北斗九星，这些图案可能代表了日、月、年的时间概念，是双槐树先民观察和利用天文知识的体现，为仰韶文化的考古充实了难得的新材料。

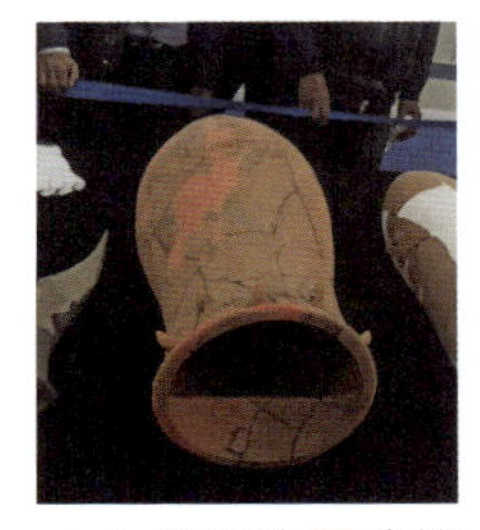

（a）锥形陶器瓮棺

（b）瓮棺底部的碳化丝织物

图 2–17　儿童瓮棺

图 2–18　太阳月亮纹彩陶罐

在另一彩陶上 [图 2–19（a）] 绘有横“8”和“ Ͻ Ͼ ”形纹饰，或许，是模仿水纹而作；或许，是模仿花草而作；亦或许，是一种记事符号。但巧的是，“ Ͻ Ͼ ”纹饰与现代纹饰惊人地相似 [图 2–19（b）]。精美时髦的陶器从远古走来，似乎与精美时髦的现代图形符号在对话。

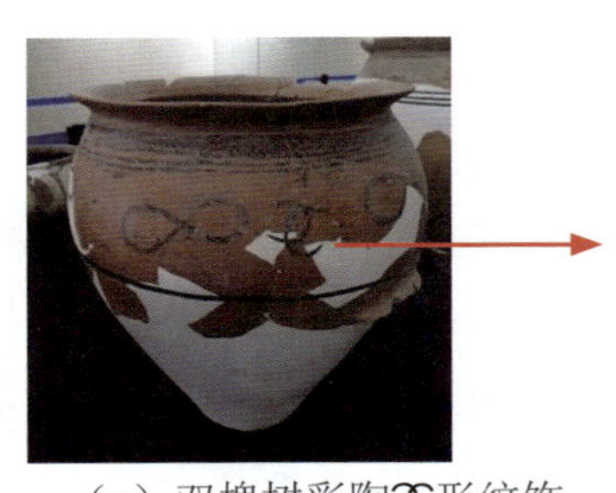

（a）双槐树彩陶Ꝏ形纹饰　　（b）现代图形符号

图 2–19　图形符号的巧合

双槐树遗址出土大量的陶器、玉器、骨器等高等级器物，做工之美，规格之高，显示了河洛地区农耕文明初期手工业的进步，也反映出双槐树遗址都邑的贵族特征。

双槐树遗址的发现，补充了黄河流域中华文明起源的关键时期、关键地区的关键材料。河洛古国的确认，用地层实物印证了中华民族五千多年文明起源与早期发展历程，使中华文明史变得更加清晰。

第三节　花地嘴遗址——五子之歌的千年回响

一、发现不寻常的遗址

在古老的《尚书》子篇《夏书》里，有一篇《五子之歌》，记载了夏王太康沉湎于吃喝玩乐不理朝政的昏庸，记载的形式是太康 5 个弟弟逃亡后的哀叹咏歌。史书记载得十分清楚，《五子之歌》的咏叹地就在洛汭。唐 • 白居易《与元九书》中也曾提到过：“闻五子洛汭之歌，则知夏政荒矣。”

图 2–20　花地嘴形似河边喝水的鸭嘴

太康昆弟 5 人具体是在洛汭哪块地方避难居住？史书没有具体记载。直到 1984 年开展全国文物普查，考古部门在巩义市站街镇北瑶湾村，位于黄河以南、洛河以东夹角之地一个高高的土塬上，发现竟有一个夏代都城遗址。这一处高台地发掘之前是农民的棉花地，形似伸向洛河喝水的鸭嘴（图 2–20），当地老百姓习惯叫作“花地嘴”，因此考古命名为“花地嘴遗址”。

2004 年考古队发掘探定，花地嘴遗址 4 道环壕的防御设施，是一处戒备森严的城邑；祭祀台、祭祀坑等规划严谨，布局讲究；大量的祭祀器物和生活用具精美高贵；但此地的居住时间仅有短短 50 年……这与古文献中关于太康失国重大历史事件记载在时间地点上较为吻合。文献与地层依据，都证明了此处是 4000 多年前夏朝太康时期的流亡政府所在地。这一重大考古发现，对早期夏史的研究、对探索夏代早期城址文化和中华文明之源都有着特别重要的意义。因此，这里成为全国重点文物保护单位（图 2–21）。

花地嘴遗址简介

位于巩义市站街镇北瑶湾村水峪沟南侧较为平坦的台地上。花地嘴遗址主要遗存为新砦期，少数灰坑属龙山晚期和二里头期。1984年全国文物普查时发现。2001年至2007年，郑州市文物考古研究所先后进行多次发掘。经过发掘，共发现新砦期4条环壕、3个祭祀坑、10余座房址、2座陶窑及数十个灰坑，出土陶质标本400余件，另外还有玉器、石器、骨器、蚌器等。2004年，该遗址的发掘项目被批准为“中华文明探源工程”研究项目之一。花地嘴遗址的发现对夏代文化的认识和研究有重要意义，对探索夏代早期城址文化和中华文明之源提供了极为重要的资料。2006年6月8日，河南省人民政府公布为第四批重点文物保护单位。2013年3月5日，国务院公布为第七批全国重点文物保护单位。

保护范围：以北瑶湾村水塔门口路西沿为基准点，向西外扩685米至第二层断崖，向北外扩130米至北侧断崖，向南外扩240米至农田，向西北外扩735米至花地嘴断崖，向东至路西沿。

河南省巩义市人民政府 立
公元二〇一三年四月

图 2–21 花地嘴遗址文保碑

花地嘴遗址考古面积约 35 万平方米（图 2–22），发掘出 4 道环壕、3 个祭祀坑、10 余座房址、诸多灰坑、两座陶窑，出土了大量精美器物（图 2–23），有骨器、石器、蚌器、陶器、玉器、朱砂绘神像陶礼器、诸多动物骨骼等，以及农作物颗粒。4 道环壕中的 3 道内壕相距较近，均为圆角方形，每道环壕的宽度各异。最外 1 道环壕距 3 道内壕较远，距离为 150 米左右，这道外环壕较宽，剖面为梯形，表面宽度约 16 米，深约 8 ～ 9 米，4 道环壕与外界的连接道路均在东南部位。从“城门”位置可知，内 3 道环壕的中间 1 道很窄浅，另外 2 道较宽深，明显是护城所用。仅使用 50 年的一处古都邑，竟有 4 道环壕，这在当时具有非同寻常的意义。

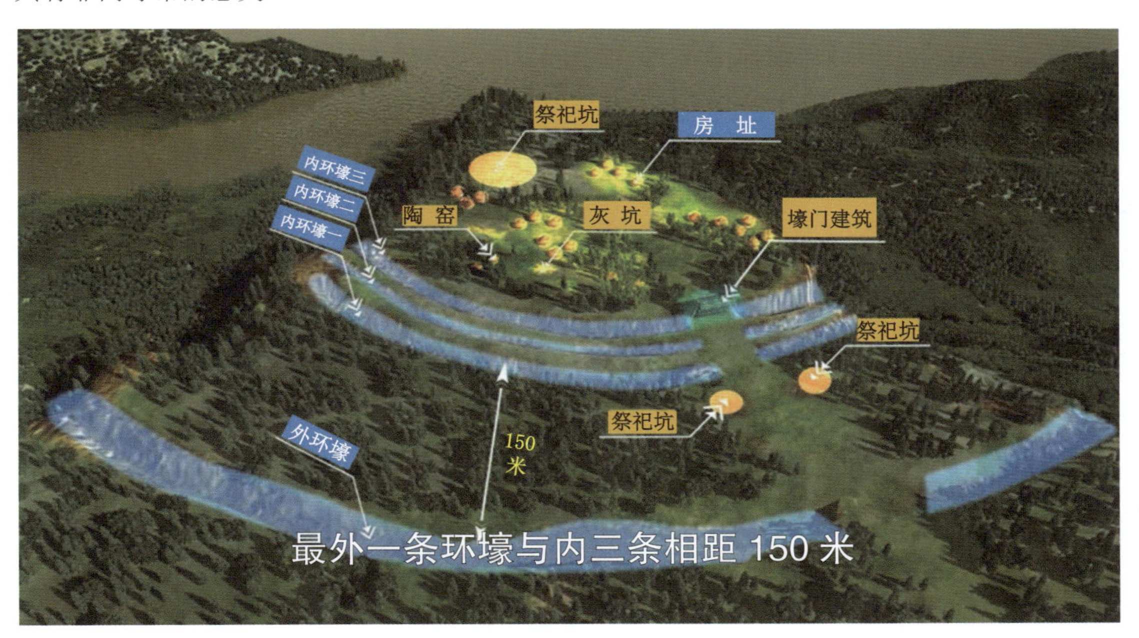

图 2–22 花地嘴遗址 4 道环壕

图 2–23 花地嘴遗址出土的陶器

二、古洛汭的夏之殇咏

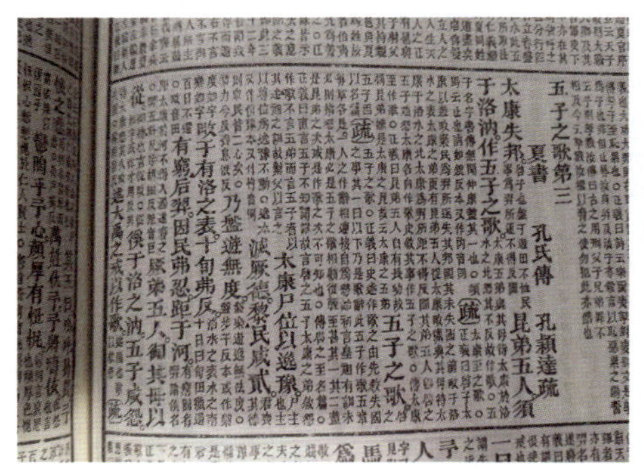
五子之歌第三 夏書 孔氏傳 孔穎達疏

太康失邦。昆弟五人須于洛汭。作五子之歌。

五子之歌

太康尸位以逸豫。滅厥德。黎民咸貳。乃盤遊無度。畋于有洛之表。十旬弗反。有窮后羿。因民弗忍。距于河。厥弟五人。御其母以從。徯于洛之汭。五子咸怨。

图 2–24　《尚书》对《五子之歌》的记载

《五子之歌》（图 2–24）是大禹的 5 个孙子为哥哥太康失国而发出的悲叹，是 4000 多年前从教训中总结出来的“民本”思想。

大禹从 20 岁开始治水，艰苦卓绝奋斗 13 载，立下治水之功，被推举为部落联盟的首领。虽居王位，大禹仍然勤劳节俭，政事不敢丝毫懈怠。大禹曾颁布“戒酒令”，纠正人们的吃喝风和懒惰行为；病重时，曾遗言死后的棺木不能超过三寸厚……大禹的节俭和为民思想可见一斑。

大禹居王位 45 年，后染重疾，欲将王位禅让给他的助手益。大禹的儿子启不服，与益争斗，德行较高的益，“辟居箕山之阳”，避开了权力之争。启登上王位，一改前帝的禅让制，由此，“公天下”变成了“家天下”。

启当政之初还能勤于政事，巩固了王位之后便开始大肆享乐，日益腐败起来，完全没有了父亲大禹一心为民的勤政行为和艰苦奋斗精神。启先是将帝禹所建的王都自阳城（今郑州登封）迁到阳翟（今河南省禹州市）。他铺张浪费，大兴土木，建筑豪华宫殿。他废除了禹王的“戒酒令”，开始大肆喝酒，一时间全国喝酒成风。他喜欢娱乐，让人创作了许多歌颂他的歌舞。他时而“万舞翼翼”，时而“列鼎暴食”，时而“狂奔于荒野”，时而“举杯于朝堂”，最终毁坏了身体，折腾了几年就病死了。

启在生命将尽的时候将王位传给了儿子太康。太康即位后，将都城迁至斟鄩（今巩义西南与偃师交界处，现偃师二里头考古发掘地）。太康在腐败上更甚于父亲启，即位伊始就不理朝事，沉迷于打猎游玩，喝酒宠姬，丧失君德，因此国力日下，民怨渐深。最后，分封在有穷国的首领后羿趁机领兵造反，发生宫廷政变。

后羿在有穷国甚至夏王朝都有很高的威望。后羿的整个部族都善于射箭，有着很强的战斗力。后羿作为太康王的大臣，痛恨太康昏庸腐败，早就有推翻太康的想法，于是趁太康长期外出打猎的机会，就在洛水的南岸布兵抵御，阻止太康渡河返都。太康被逼得狼狈向东逃跑，直至在戈地（现河南周口太康县）定居。太康的 5 个弟弟得到宫廷政变的消息后，随即服侍着他们的母亲，带着辎车仆人，从都城斟鄩一路向东北方向逃亡。走了 50 多里远，在黄河和洛水交汇的夹角处，选了一个较大的高台土塬，筑居避难。为了防止围攻，专门设计四重环壕，加固防守，建成了地处洛汭的流亡政府。

这就是历史上有名的“太康失国”。

五个弟弟站在洛汭高高的土塬上，面向太康逃命的东南方，痛恨大哥太康的昏庸，回顾爷爷大禹曾经的教诲，悲叹不已，每人抒发了一段对太康的谴责，并记录下来，后人称之为《五子之歌》。《尚书·夏书》记载：

太康失邦，昆弟五人须于洛汭，作《五子之歌》。

（大意：太康丢失国家，其5个弟弟逃往黄河与洛水交汇处附近的洛汭安营扎寨。5个弟弟分别表达了对大哥太康王的谴责和哀叹，留下了“五子之歌”。）

太康尸位，以逸豫灭厥德，黎民咸贰，乃盘游无度，畋于有洛之表，十旬弗反。有穷后羿因民弗忍，距于河，厥弟五人御其母以从，徯于洛之汭。五子咸怨，述大禹之戒以作歌。

（大意：太康身处王位而不理朝政，一心享乐，没有君王的风范和德行，大家都心生不满。一次，太康率众到洛水以南去打猎，玩乐游猎毫无节制，竟然3个多月不回来。有穷国的首领后羿，看到民众忍无可忍，于是就领兵在洛水的南岸抵御太康，不让他渡河返回国都。太康的5个弟弟听到消息后，赶忙侍奉他们的母亲逃到黄河洛水交汇的附近，在一处高台地上安营扎寨，等待机会。这时5人都谴责太康，重温大禹的教诲，总结失国教训。每人咏叹感慨一番，集成五子之歌。）

其一曰：“皇祖有训，民可近，不可下。民惟邦本，本固邦宁。予视天下愚夫愚妇一能胜予，一人三失，怨岂在明，不见是图。予临兆民，懔乎若朽索之驭六马，为人上者，奈何不敬？”

（大意：第一个弟弟咏叹：“伟大的祖先曾有明训，人民可以亲近而不可轻视。人民是国家的根本，根本牢固，国家就安宁。看看天下的人，轻而易举就能战胜我们。作为君王，多次失误，难道非要等民怨大得将你的王位推翻你才明白吗？应当在民怨还未形成之前就要认识到这个问题了。我们管理国家，面对大众百姓，就要像拉着快断的缰绳驾着6匹马那样小心翼翼；做君主的人怎么能不敬畏民众？”）

其二曰：“训有之，内作色荒，外作禽荒。甘酒嗜音，峻宇雕墙。有一于此，未或不亡。”

（大意：第二个弟弟咏叹：“禹王明确教诲，身居王位，在宫内迷恋女色，在野外游猎欢跑；沉醉于美酒，沉迷于音乐；修筑高高的豪华大殿，雕饰漂亮的宫墙。这些事只要有一桩，就没有人不灭亡。”）

其三曰：“惟彼陶唐，有此冀方。今失厥道，乱其纪纲，乃底灭亡。”

（大意：第三个弟弟咏叹：“先人陶唐氏尧帝，曾经对冀州管理有方。现在废弃他的治国规矩，破坏他的政纪朝纲，就是自取灭亡。”）

其四曰：“明明我祖，万邦之君。有典有则，贻厥子孙。关石和钧，王府则有。荒坠厥绪，覆宗绝祀！”

（大意：第四个弟弟咏叹：“我贤明的祖父大禹，做万邦国君的时候，为子孙后人留下典章法度。征赋和计量公平合理，国库丰殷。现在太康王兄你违背了祖训，失掉了神的保佑，又使我们面临着危险！”）

其五曰：“呜呼曷归？予怀之悲。万姓仇予，予将畴依？郁陶乎予心，颜厚有忸怩。弗慎厥德，虽悔可追？”

（大意：第五个弟弟咏叹：“哎呀！这可怎么回去呢？我的心情无限伤悲！现在万人

都在仇恨我们，我们将依靠谁？我心里非常郁闷，当时想劝阻王兄不遵祖德的行为，犹豫犹豫没有劝阻，追悔莫及呀！”）

五子之歌的一声声叹息，是对一国之主不理朝政、不为民生的批评和控诉，成为历朝历代治国理政的一面镜子。几千年过去了，五子之歌在今天仍有“执政为民”的教育意义。习近平总书记在《干在实处 走在前列》一书中，曾引用“民为邦本，本固邦宁”的经典金句来教育党员干部。

三、精美的高等级器物

作为夏太康时期的流亡政府，花地嘴遗址尽管时间不算很长，但是却出土了许多精美的文物，代表了我国奴隶制社会早期的灿烂文明，也显示了河洛地区在近 4000 年前手艺工匠们高超的艺术表现力和巨大的创造力。

在花地嘴遗址出土的文物中，等级最高的当数“牙璋”（图 2–25）。牙璋是权力和身份的象征，是礼制中威严的祭天礼器。花地嘴遗址出现牙璋，有力证明太康王朝宫廷政变的事实。外出打猎的太康应该是把代表最高权力的牙璋临时交给了大弟弟或者母后，五子侍母逃亡之时，带上了这枚牙璋，带到了花地嘴，如此，才能够使夏王朝政权仍然握在太康一族手里。

图 2–25 代表权力的玉刻牙璋

近 4000 年前的夏朝工匠，艺术造型能力相当高超。在遗址的发掘中，有一个器物的把手为小老虎造型［图 2–26（a）］。小老虎活灵活现，相当可爱，可与真的小虎崽媲美［图 2–26（b）］。

（a）虎形石雕器物把手侧面

（b）石虎媲美真老虎

图 2–26 器物把手小老虎造型

在出土的众多陶器中，有一组朱砂绘神像纹饰，描绘的是夏朝时期河洛地区图腾崇拜的猫头鹰面部形象（图 2–27），其高超的提炼能力和抽象手法，显示了夏朝宫廷工匠的手工艺水平。

（a）朱砂绘神像彩陶一

（b）神像纹饰高度提炼了猫头鹰的脸部特征

（c）朱砂绘神像彩陶二

（d）神像纹饰高度概括了猫头鹰的眼和嘴

图 2–27　以猫头鹰为元素的纹饰

郑州市文物考古研究院的标志设计，其灵感就来源于花地嘴遗址出土的朱砂绘神像“鸮之目”彩陶纹饰（图 2–28），设计者从中抽取最本质、最典型的纹饰特征，将陶器上猫头鹰的抽象符号转化为更加抽象的标志形象。

图 2–28　郑州市文物考古研究院标志

第四节　兴洛仓遗址——大隋粮仓曾经的辉煌

隋朝，是一个大手笔的朝代，虽然只有短短 38 年的历史，但是结束了南北朝分裂的局面，设计修建了大运河，同时在河洛地区布局建造了 8 个大型国家粮仓。

隋唐大运河遗留下了许许多多物质和非物质文化遗产，其中能找到地层考证的河道和仓储已入选《世界遗产名录》。

一、密集的粮仓群

隋朝修建的大运河，以河洛交汇为中心点，贯通北至涿郡（北京）、南至余杭（杭州）、西穿东都洛阳直抵大兴（西安）、东顺黄河直达山东入东海这 4 条航线，融汇黄河、海河、

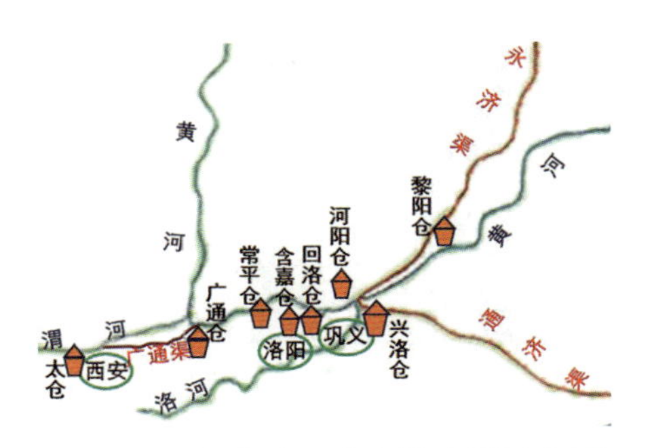

图 2–29　河洛地区隋唐粮仓群示意图

淮河、长江、钱塘江五大水系。隋唐时期，为保证皇室粮食供应、储备兵需以及应对灾荒，先后从西安向东，围绕都城顺大运河沿岸修建八大粮仓。在靠近西安渭河南岸建太仓，在靠近大运河最西段的广通渠旁边建广通仓，在靠近三门峡黄河南岸建常平仓，在洛阳城外建回洛仓，在洛阳城内建含嘉仓，在黄河北岸孟州附近建河阳仓，在洛河与黄河交汇处的巩县建兴洛仓（洛口仓），在浚县附近黄河与永济渠之间建黎阳仓。其中规模最大的当属兴洛仓（图 2–29）。

二、兴洛仓的规模

《资治通鉴·隋纪四》记载了隋炀帝大业二年（606 年）建兴洛仓的位置、规模、容量，“置洛口仓于巩东南原上，筑仓城，周回二十余里，穿三千窖，窖容八千石以还，置监官并镇兵千人……”

清乾隆十年（1745 年）《巩县志》将兴洛仓与回洛仓做了比较，“洛口仓于巩东南原上，周二十余里，穿三千窖；置回洛仓于洛阳北七里，城周十里，穿三百窖，皆容八千石。”

用现在的计量换算，兴洛仓 3000 粮窖可容 33 亿斤粮食，比同时期的洛阳回洛仓“穿三百窖”的规模大十倍。

三、巧妙的漕运设计

古时的河洛交汇处，与东临荥阳的板渚一起，成为隋唐大运河漕运的轴心，水路交通十分便利。洛汭的东南夹角地带，黄土丘陵绵延起伏，一座座域广顶平的塬上，土层坚硬干燥，水位很低，地质土壤非常适合向下掘土为窖。

民国《巩县志》称，“兴洛仓即洛口仓，隋置仓于巩者，以巩东南原上地高燥可穿窖久藏，且下通河洛漕运也。”

从古籍资料来分析，在隋炀帝修造船只和兴洛仓的时候，为方便管理将巩县治所搬到了现在的洛口村，名为“洛口城”。而治所以东的岭上，向南又折向西、绵延十几里的一个个高大的土塬上，布满了向下挖出来的缸形粮窖，形成了隋朝最大的粮窖群，并修建城墙，置镇兵千人把守，在距洛口村北 300 米的一处形似月牙的高台地上建军营，名为“偃月城”。洛口村成了兴洛仓城的北大门，所以老百姓称兴洛仓为洛口仓。

图 2–30　运粮船在水道码头装卸粮食

兴洛仓是水陆结合部，上有山道运粮，“下通河洛漕运”。为了运粮方便，在洛口村两山之间的山沟引入洛河水，形成一条水上运输通道，洛口村老百姓称为“水道”。水道不算太宽，人们先用运粮小船进出水道（图 2–30），再将粮食由小船倒腾到大船。运粮大船自洛河逆水而上可达当时的东都洛阳；自黄河逆水而上，转广通渠可达陕西潼关和西京长安；向东顺黄河而下，穿过豫东地区可直达山东入海；向北入永济渠可达北京；向南入通济渠可达扬州和苏杭。

水道码头上下进出粮食用绞盘（类似辘轳）和滑道等设备。船上的粮食运上来，用绞盘；山上的粮食运下去，用滑道。因为洛口村离黄河太近，为了保障粮窖的永固和安全，将粮仓设置在离码头较远的地方，人工开凿一条山洞，犹如地道，粮食用车推、驴驮、人扛等方法，顺山洞运送到远处塬上的粮窖里。

运粮场景古籍中没有太多记载，但是当地老百姓代代口传，却也生动合理。当地七八十岁的老人，还记得上辈人的传说。

村里老人说（图 2–31），圈门下这条进村的大路，过去是一条水道，水面比现在的地面低 2 米左右。

水道两边分布着码头，码头上方的半山腰有一条很长的运粮山洞，洞口就在村里一家胡同尽头的山坡上。胡同里老人曹喜卿回忆（图 2–32），20 世纪 60 年代洞口还没有坍塌，他和几个小孩子跟着考古队进过这个山洞，依稀记得洞很深很远走不到头，手电筒电用完了，到半路只得拐回来；第二次是跟着红卫兵进山洞，火把燃尽，仍然没有走到头。

图 2–31 洛口村老人介绍兴洛仓水道

图 2–32 老人们描述兴洛仓的运粮山洞

洛口村这孔现存的通向粮仓的洞口，当年漕运来的粮食就是从这里用独轮车运向各个粮窖。可惜，这条千年以前车来车往、人声鼎沸的通道，不知从何时废弃不用，通向洞口的山路，荒草横长，荆棘丛生［图 2–33（a）］。2020 年，洞口将要被塌方淹没［图 2–33（b）］，2021 年“7・20”大水灾，洞口已完全被泥石流掩盖。作为洛口村兴洛仓水陆结合部的唯一见证，失去这个山洞口，将是一个大大的遗憾。

（a）通向洞口的山路

（b）洞口已经被塌方堵塞

图 2–33 通向兴洛仓洞口的山路及已经被塌方堵塞的洞口

四、呼唤沉睡的粮窖

兴洛仓 3000 窖究竟沉睡在哪几个山岭塬上？前几年，文物考古部门曾在洛口村勘探过，很遗憾，没有发现痕迹。

2020 年，巩义市准备在站街镇贺尧村大井沟岭上新建一座水厂，文物部门先行调查，发现下面有巨大粮窖！经勘探，发现这里不仅有粮窖，而且粮窖分布密集，范围广泛（图

2–34），勘探范围扩大到 3. 2 平方公里，已勘到 900 多窑，应该是一个粮窖群！

（a）贺尧岭广阔田野下的粮仓遗址

（b）大井沟岭上勘探到古粮窖群

图 2–34　粮窖分布密集，范围广泛

经探测，贺尧岭上发现的粮窖口径约 10 多米，底径约 5 米多，深约 8 米，口大底小，形似大缸。据岭上居民说，勘探队用洛阳铲挖上来的样土，不但有红烧土层、秸秆层、木板层，还有碳化、半碳化的粮食颗粒，其中一个粮窖还有几枚铜钱，据专家辨认，是隋唐时期的“五铢钱”。

贺尧岭究竟是不是兴洛仓其中一个仓岭？有待于考古队发掘以后才能确定。

图 2–35　回洛仓缸形粮窖

入选《世界遗产名录》的回洛仓，是和兴洛仓同时建造的。我们透过回洛仓（图 2–35），来看隋炀帝时期在河洛地区掘土为窖的粮仓特征和功能：第一，圆形开挖比较省力；第二，窖口上大下小不容易坍塌；第三，口大便于粮食出入；第四，粮食出仓的时候容易向底部集中便于清理。

回洛仓在下沉式粮窖的防潮防霉处理方法上科学而巧妙。第一步“夯”，对仓底进行加固夯实；第二步“烧”，在坑内架柴烧烤，使坑底和坑壁的土层形成火烧层达到干固；第三步“铺”，把烧红的土块和黑灰搅拌在一起铺设在窖的底部阻隔潮气，然后在防潮层上铺一层谷草，谷草上面再铺一层木板，木板上再铺席子；第四步“夹”，每层之间，都撒进谷糠或石灰填充缝隙，最后再铺一层较为平整细密的席子。做好防潮层是保证粮食不受潮的关键，因此要求相当严格，每个粮窖都要做够 8 层才合格（图 2–36）。

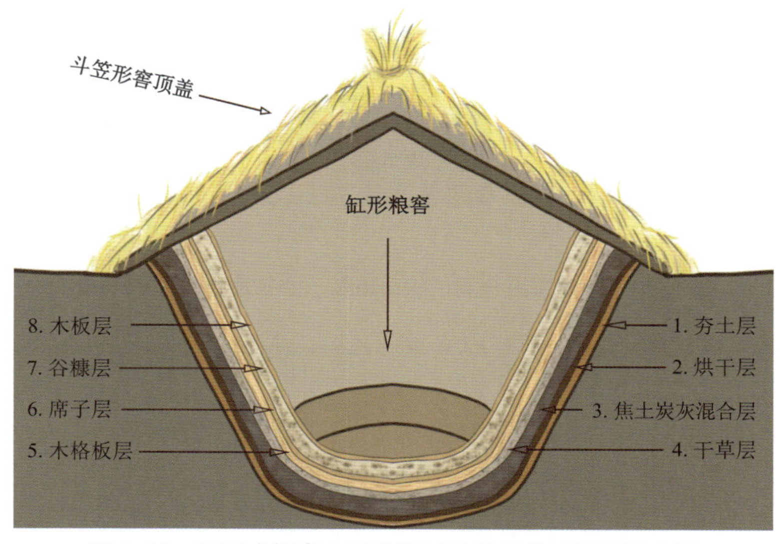

图 2–36　下沉式粮窖 8 层防潮以及粮窖盖子切面示意图

粮窖的盖子，是向周边辐射的圆形尖顶木架，犹如南方的斗笠。在木架上面铺草，再抹上厚厚的黄泥，粮窖的盖子就像房顶一样，遮雨挡雪，结实耐用。

在巩义，与粮仓有关的古代印记有很多。“流粮坡”“蚂蚁坡”[图 2–37（a）]千年以前颗粒满地、蚂蚁成群的运粮路仍然还在；“仓西村”古老的圈门[图 2–37（b）]与东边的洛口村遥遥呼应；高高立在七里铺岭上的汉代老城墙[图 2–37（c）]，是否也做过隋代兴洛仓的卫士？

（a）蚂蚁坡

（b）仓西村圈门

（c）汉代老城墙

图 2–37　与粮仓有关的古代印记

兴洛仓在历史的风风雨雨中不断被泥水填埋，但是填埋不了河洛儿女发掘古文化的决心。随着考古的不断深入，这座称得上世界最大的粮仓，一定会穿越千年，呈现在我们面前！

【达标检测】

1. 假如你穿越到 11 万年前的洪沟，你面临的是什么样的气候？面对哪些主要野兽？谈谈你的生存智慧。
2. 结合习近平总书记所说的“人民至上”，谈谈你对《五子之歌》的理解。
3. 举出自己最感兴趣的一件文物，分析其中的艺术表现力和创造力。
4. 选取所学古遗址古文物的某一元素，设计一款艺术作品。

第三章 洛汭博物珍藏

【学习目标】

了解巩义市博物馆珍藏，分析古文物精品的艺术特色，从中透视古洛汭的时代特点和文化特征。

【思政要点】

1. 精美文物体现的工匠精神和古代文化的价值追求。
2. 巩县窑（又称巩义窑）兴衰的政治原因。

【知识拓展】

微信扫描二维码获取

在巩义市杜甫路西段北侧，有一座规模不大但极具厚重感的建筑——巩义市博物馆。这是一座园林式仿古式建筑，清新典雅，古色古香（图 3–1），于 2001 年 10 月 1 日建成开馆。

图 3–1　巩义市博物馆外景

注：本章图片凡未标注来源的，均为巩义市博物馆提供

巩义市是一个文物大市，黄河、洛水养育了古洛汭祖先，河洛文明延续不断，瓜瓞绵绵。新石器农耕文明时期，祖先在这片肥沃的土地上辛勤劳作，繁衍生息，几千年来创造了无数的辉煌，留下了许多珍贵的文化遗产。巩义市博物馆文物是河洛文化艺术的重要组成部分，体现着河洛地区深厚的人文历史和精湛的传统工艺。

博物馆现有藏品 14 万多件，其中珍贵文物 5570 余件，件件都体现着古洛汭先民的高超技艺与智慧匠心，见证着巩义“历史悠久、人杰地灵”“小城市、大历史”的美誉。

博物馆展厅布置朴实无华，但文物却体现了“精”“奇”“特”（图 3–2）。展厅分为“洛汭瑰宝——巩义历史文化展”“北宋皇陵”“石刻艺术”“巩县窑白瓷”“唐宋三彩”“唐彩绘陶”等 6 个陈列，精美绝伦，享誉中外，显现了洛汭历史文化的独特性和工艺制作的艺术魅力。

图 3–2　展厅一角

巩义市博物馆是巩义市对外交流开放的文明窗口，建馆以来秉承“让文化点亮藏品，用藏品传承文化”的服务理念，以多种形式展示洛汭地区悠久灿烂的历史画卷。

近年来，博物馆遵循习近平总书记“让收藏在博物馆里的文物、陈列在广阔大地上的遗产、书写在古籍里的文字都活起来”的指示，把馆内精品搬上云端，建立网络公众号，开辟了“云上展览”“洛汭藏珍”“文物趣谈”“巩义文物”“唐宝聊文物”等系列栏目（图3–3），推文与视频相结合，以更加灵活的方式展现文物。同时，给未能到博物馆参观的人们提供了极大的方便，使传统文化、馆藏精品走进千家万户。

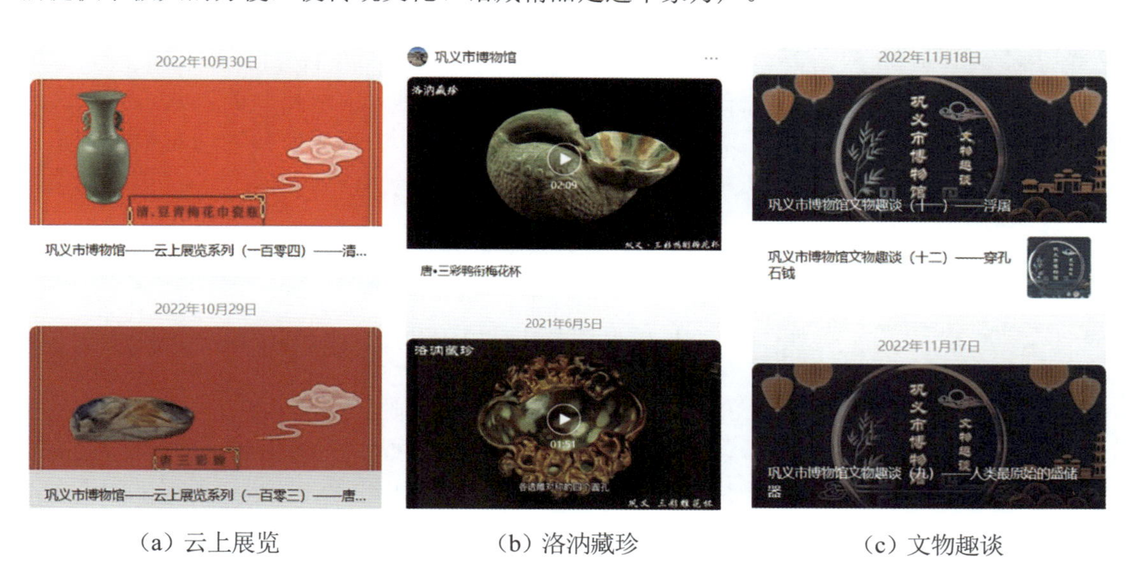

（a）云上展览　　（b）洛汭藏珍　　（c）文物趣谈

图 3–3　巩义市博物馆公众号云端精品

第一节　先人智慧——穿越万年的石头

在巩义市博物馆展厅里，陈列着裴李岗文化时期甚至更早的石器。新石器时代早期，中原地区已进入农耕文明，老祖先在洛汭大地留下许多生活印记和手工艺智慧，他们磨制的生产工具、生活用品穿越万年，静静躺在巩义市博物馆的展柜中。

一、锯齿刃石镰

博物馆珍藏的这件锯齿刃石镰（图3–4），采集于巩义市夹津口镇铁生沟村，属于裴李岗文化时期的遗留，是河洛地区农耕文明发展较早的见证（裴李岗文化时期，距今7000—9000年之间，因1977年在河南省新郑裴李岗村发现而得名，属新石器时代早期文化）。

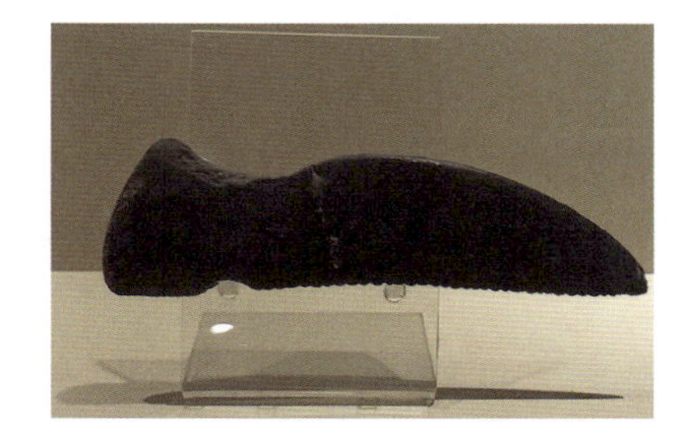

图 3–4　锯齿刃石镰

锯齿刃石镰，是一件精美的收割工具。古洛汭先人选用适合的石头，借形而制，打磨精巧。石镰下沿带有微微的弧度，齿状的边沿制作细腻，深浅适度，如人的牙齿，也像水纹形草叶。石镰微厚圆润的脊背慢慢弯向尖头，具有“刀”的鲜明特点。手柄握拿处稍细，后尾变粗，增加阻力，防止滑脱，非常符合现代设计语言所说的“人体工学”特征。透过石镰，我们仿佛看到，古洛汭丘陵浅山土塬上面，种植着大片的庄稼，人们已经从用双手采集变为用工具收割，农耕文明有了明显的进步。

二、舌形双弧刃石铲

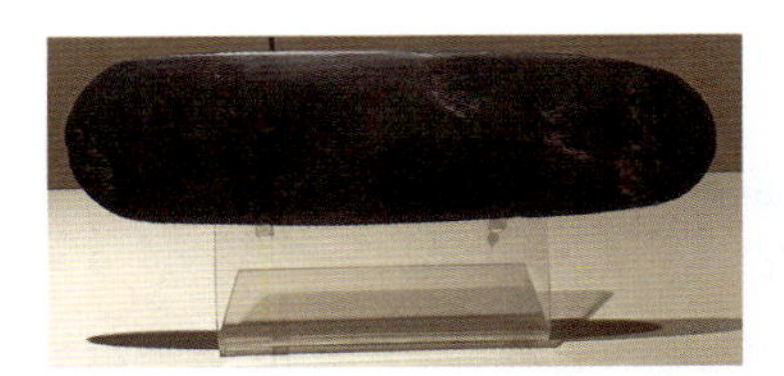

图 3–5 舌形双弧刃石铲

采集于巩义市夹津口镇铁生沟村的这把双弧刃石铲（图 3–5），选材巧妙，磨工细致，人们用天然的扁、平、长的石条，磨制出两头弧圆扁薄、中间稍厚的农具，石铲两头均可用于“挖坑”“铲地”。弧线磨制均匀对称，显示了河洛地区原始祖先的聪明与智慧。

三、石凿

图 3–6 石凿

展柜上这两件是用于开凿的石器（图 3–6），分别采集于巩义站街镇北窑湾村和夹津口镇铁生沟村，均为单刃。稍大的这件石凿，给人一种沉甸甸的感觉，凿身呈方形长条，前后粗细匀称，敦厚坚固。凿面呈 45 度斜形，磨制平整，光滑精确；边楞清晰锋利，整齐统一；后尾部为平面，便于砸敲捶打。

在生产力低下、没有任何机械可用、全凭手工磨制的新石器时代，原始祖先制作的石凿，不管样式怎么改变，都足见中华民族“工匠精神”的肇始。

四、四足石磨盘、石磨棒

图 3–7 石磨盘、石磨棒

这套石磨盘、石磨棒（图 3–7），采集于巩义夹津口镇铁生沟村，属裴李岗文化类型，是河洛地区农耕文明初期的典型器物之一。这件我国现存最早的成套粮食加工工具，主要用来对谷粟类农作物进行脱壳和碎粒。祖先们采摘的植物籽，晒干之后需要加工，于是人们发明了石磨盘、石磨棒，二者配合，用“擀”的方式磨壳去皮，使入口的粮食吃起来更细腻、更柔软。

石磨盘、石磨棒为黄砂石质，造型规整，磨制精细。石磨盘呈椭圆形，犹如一只鞋底，表面平展，中间略有低洼；腰部由前至后渐收，前部稍宽，后部略窄；盘正面稍凹且略显粗糙，有明显加工谷物的痕迹，下有四条短腿支撑。石磨棒近圆柱体，制作光滑，中间略粗，两头微细，与石磨盘巧妙契合。

这件石磨棒虽然距今已有八九千年的历史，但与我们现在农家所用的木制擀面杖在样式上一模一样，中华文明绵延至今没有断流由此可见一斑。石磨盘、石磨棒的使用，显示了河洛地区原始先民饮食方式的不断改进，是这一时期生产力提高和农耕文明进步的标志，为研究人类原始社会生产力发展与生活状况提供了珍贵的实物见证。

五、石钺

新石器时代，原始祖先除了为饱腹生存而制造农具，还随着部落内阶级的分化、部落之间的战争而制造武器，许多兵器的样式源自石头工具的造型。较早的兵器“石钺”，其设计就来源于农具穿孔石斧，但比石斧更先进，更适合战场厮杀。石钺，这种在当时的战斗中最强大、最威武、最具杀伤力且最精美的兵器，常常被统治者选为“礼器”，代表至高无上的权力。

斧、钺在形制上相似，区别在于钺的刃部比斧宽阔，弧曲度更大，刃端两角微微上翘，有的样式还接近半月形或尖形。

巩义市博物馆珍藏的穿孔石钺（图3–8），是一件精美的高等礼器。这件钺为梯形，通体磨光，弧形刃，厚薄均匀，石质细腻，刃部锋利，孔洞规圆，器型工整，不仅表示王权，还是一件打磨考究的艺术品。很可惜，出土时上半截已残缺不全。

图3–8 上部残缺的穿孔石钺

六、画像石

画像石是在祠堂、庙宇和陵墓等建筑上雕刻画像的建筑石材，秦汉时期较为常见。这件巩义地区出土的汉代画像石（图3–9），用浅浮雕的形式刻在石板上，再现了汉代人的生活场景，朴拙传神，构图简练生动，线条流畅，技法娴熟。

图3–9 汉代画像石浅浮雕正面

画像石共分两层，上层素面，下层分四组浮雕图案，从左到右用竖线隔开。第一组为仙鹤图，表达了人们对享受仙人生活的美好愿望；第二组为供养人四位；第三组为乐伎二人，展现出雅士奏乐、鹤舞一旁的画面；最后一组四位供养人，与第二组分立于乐伎的两边。人物上方刻有花边，犹如幕布拉起，舞台亮相，生动逼真。

画像石是当时社会生活、生产的真实写照，在历史研究、科学研究及艺术研究上有着重大价值，为人们研究汉代丧葬礼制和民风民俗提供了有力的实物资料。

七、石砚

石砚，中国传统手工艺品之一，与笔、墨、纸并称为“文房四宝”。随着社会的发展和人们审美的提高，砚台早已不再是单纯的文房用具，因其质地坚固，传百世而不朽，集雕刻、绘画于一身，成为文人墨客乐于收藏的精美工艺品。

这方巩义地区出土的西晋盘龙石砚（图3–10），由砚盖和砚座两部分组成。砚盖为斗笠形，采用透雕技法制成，二龙缠绕蜷曲的形状，巧妙地形成盖钮，盖的四面以菱形纹为底，盖沿采用阴刻，有弦纹。砚底为倒圆台，砚面精磨凹陷。整个砚台采用了高浮雕、透雕、阴刻等多种雕刻技艺，雕刻精美，构思巧妙，蕴含着一种洒脱的气度。

（a）盘龙石砚形制

（b）石砚盖盘龙纹饰

图3–10 西晋盘龙石砚

八、北宋皇陵石雕

北宋时期建造的陵墓大多豪华气派，可惜由于金兵入侵、元军统治，宋陵屡遭破坏。虽经地方百姓、后代官府的竭力保护，仍有一些石雕或轻或重遭到毁损，给人留下许多遗憾。

甚至到了现代，宋陵石雕仍然有贼惦记着。1996 年 11 月 26 日晚，巩义市宋哲宗永泰陵一尊石雕外国客使造像头部被盗，后被卖往美国。1998 年 6 月，美国总统克林顿访华，将这件文物送还给中国以示友好。这件石像头部现藏于巩义市博物馆（图 3–11），也算是“物归原主”了。

巩义市博物馆陈列的八件生肖石刻（图 3–12），多数保存完好，石雕形象逼真，姿态生动传神，反映出大宋的辉煌和民间的工匠精神，堪称宋代石刻艺术精品。虽个别留下残缺，但仍可见浓郁的生活气息和较高的艺术价值。

图 3–11　宋陵外国客使造像头部

图 3–12　展厅陈列八件生肖石刻

我国古代的天文历法十二地支“子、丑、寅、卯、辰、巳、午、未、申、酉、戌、亥”，配上十二种动物“鼠、牛、虎、兔、龙、蛇、马、羊、猴、鸡、狗、猪”，十二年一个轮回，用来记录人的出生年份，成为纪年的兽历。

宋陵对“明器”十分讲究，将十二生肖石刻分别埋在宋陵陵墓东、西、南、北等不同的方位，与十二地支对应，以达镇墓之目的。

1. 石鼠

图 3–13　石鼠

子鼠是十二生肖与十二地支相应的第一位。“子时”为夜间 11 点—凌晨 1 点，此时夜深人静，老鼠频繁出来偷吃食物，故为“子鼠”。

这只石鼠（图 3–13）被埋在宋神宗永裕陵皇后陵的北神墙外正中地下，出土清理后较为完整。石鼠雕刻用料讲究，石质坚硬偏红，底座为长方体，下部素面磨光，上部刻有浮雕宝山形纹饰，粗犷有力。石鼠前肢环抱基座，呈仰首状，小耳、大眼，长尾卷曲紧贴于臀，后肢朝前弯曲，大有昼伏夜出、窸窸窣窣的姿态，刻画写实、精细、传神。

2. 石牛

丑牛是十二生肖与十二地支相应的第二位。“丑时”为凌晨1—3点。牛习惯夜间吃草，农家常在夜间挑灯喂牛，故称“丑牛”。

这只石牛（图3–14）出土于宋神宗永裕陵，石质青色，底座呈长方形，下部光素，上部浮雕为宝山纹。牛蹲卧于石座上，头微仰，嘴微张，大眼圆睁，长角弯曲，贴于头部，双耳外翘，尾巴弯曲贴于臀，牛身肥壮，牛毛纹理清晰，雕刻细腻。石牛整体造型美观，形象逼真。

图3–14 石牛

3. 石虎

寅虎是十二生肖与十二地支相应的第三位。“寅时”为凌晨3—5点。凶猛的老虎昼伏夜行，古人常在此时听到虎啸声，故称“寅虎”。

宋陵考古尚未发现墓穴中陪葬的石虎小型雕像，但是永昌陵地面石刻仍然被文保部门和当地百姓保护完好（图3–15）。

虎虽是凶猛野兽，但这件宋陵石刻虎，却温柔可爱。虎的前肢直立，后腿屈卧，整个身体呈三角形构造。丰满的前身被粗壮的前腿支撑着，稳稳地坐在石基上。虎平视前方，嘴巴微闭，两只小耳朵支起，似在聆听，犹如一名认真听课的小学生。

图3–15 石虎

4. 石兔

卯兔是十二生肖与十二地支相应的第四位。“卯时”为清晨5—7点。天刚亮，兔子出窝，喜欢吃带有晨露的青草，故为“卯兔”。

出土于宋哲宗永泰陵的石兔（图3–16），当时被埋在皇后陵东方正中的地下。石兔雕刻选料为红色砂岩石质，底座呈长方体，下部略作打磨，不甚平整，上部周围雕饰宝山纹。兔子趴伏于石座上，眼圆睁，昂首前视，长耳贴背，细长眼，三瓣嘴，前肢伸长，后肢蜷曲，欲跳未起，动感十足。

图3–16 石兔

5. 石龙

辰龙是十二生肖与十二地支相应的第五位。“辰时”为早晨7—9点，此时天空一般容易起雾，传说龙常喜腾云驾雾，故称“辰龙”。

在仿真修复的永昭陵地面建筑中，有一块下马石，上面刻有浅浮雕龙（图3–17），龙头上扬，龙尾翘起，腾空而飞，在四周祥云纹的烘托下，显得横空出世、威武旷达。

图3–17 石龙（浅浮雕）

6. 石蛇

巳蛇是十二生肖与十二地支相应的第六位。“巳时”为上午9—11点，此时天空大雾散去，艳阳高照，蛇出洞觅食，故称“巳蛇”。

宋陵考古尚未发现墓穴中陪葬的石蛇小型雕像，给人留下些许遗憾。

图 3–18　石马

7. 石马

午马是十二生肖与十二地支相应的第七位。“午时”为中午 11 点 — 下午 1 点。古时野马未被人类驯服，每当午时，四处奔跑嘶鸣，故称“午马”。

宋陵考古尚未发现墓穴中陪葬的石马小型雕像，但在永昌陵的田野上，却有一尊活灵活现的大型石马（图 3–18）。

单看石马的头部，就已经感觉到石雕浓郁的写实风格。石马大睁着眼睛，平视远方，没有昂头嘶鸣，没有低头觅食，显示出一副平静的神态。马鬃刻画细腻，服帖在马背上，坚硬的石头雕刻出皮革笼头的柔韧，显示了宋代工匠高超的雕刻技艺。

8. 石羊

未羊是十二生肖与十二地支相应的第八位。“未时”为下午 1—3 点，有些地方把这一时辰叫作“羊出坡”，意思是“放羊的最佳时候”，故称“未羊”。

图 3–19　石羊

这尊出土于宋仁宗永昭陵的石羊（图 3–19），当时被埋在陵墓正南方左边地下，出土后保存完好。石羊用料为青灰石质，底座通体素面磨光。羊呈跪姿，蹲卧于长方形基座上。羊体健壮，肥耳大眼，鼻口清晰，双眼圆睁，昂首前视似“咩咩”在叫，双角弯曲，角尖依接肩颈部。胡须清晰垂于胸前并卷于腮部，身体肥胖，臀部浑圆。羊毛雕刻清晰，刀法流畅，造型逼真。

图 3–20　石猴

9. 石猴

申猴是十二生肖与十二地支相应的第九位。“申时”为下午 3—5 点。太阳偏西，猴子喜欢在此时啼叫，故为“申猴”。

这只石猴（图 3–20）系宋陵八陵陵区出土，当时被埋在陵墓西方南边的地下，出土后发现上半身已缺失，很是可惜。石猴雕刻选料为红色砂岩石质，长方形基座上，左侧为假山，山石浅雕粗刻，表现山的层叠皴皱。右侧为石猴，石猴紧紧贴于假山，似攀援状，长尾耷拉于右侧，紧贴基座上面，虽缺少头部，看不到表情，但是猴子趴在山石上东张西望的俏皮特征使人联想翩翩。

图 3–21　石鸡

10. 石鸡

酉鸡是十二生肖与十二地支相应的第十位。“酉时”为下午 5—7 点。太阳要落山了，鸡在窝前打转，故称“酉鸡”。

这只石鸡（图 3–21）静卧于长方形基座上，鸡翅、尾、羽雕刻清晰逼真，遗憾的是鸡首缺失。雕刻选用红色砂岩石质，基座浮雕花草纹饰，粗犷大气。石鸡系宋陵八陵陵区公主墓出土，当时埋在宋陵陵墓西方正中的地下。

图 3–22　石狗

11. 石狗

戌狗是十二生肖与十二地支相应的第十一位。“戌时”为傍晚 7—9 点。人们劳碌一天，闩门准备休息了，狗卧门前守候，一有动静，就汪汪大叫，故为“戌狗”。

这只石狗（图 3–22）翘首垂耳，大耳耷于头侧，尾卷于背部，前肢卧地相迭，后腿蜷缩紧贴地面，神态安详，静卧于须弥座上。石狗由青灰石质料雕刻而成，质地坚硬。基座雕刻工整，线条笔直。石狗系宋真宗永定陵西神墙外偏北部出土，当时埋在宋陵陵墓周围正西方北边的地下，发掘出来时已有残损，头胸分离，在博物馆技术人员努力下，基本复原。

12. 石猪

亥猪是十二生肖与十二地支相应的最后一位。“亥时”为夜间 9—11 点，此时夜深人静，能听到猪拱槽的声音，故称“亥猪”。

这头石猪（图 3–23）从宋神宗永裕陵区朱皇后陵园出土，当时埋在陵墓周围正北方的左边地下。雕刻选料为青灰色石质，坚硬。长方形基座较高，上部刻浮雕宝山纹，施红、绿彩，下部素面磨光。石猪立于基座上，高脊垂腹，猪鬃清晰，尾巴微卷于臀部，长嘴拱地，似在专注地吞食，一副悠然自得的样子。

图 3–23 石猪

第二节 酒器与礼器——青铜的威严

考古资料表明，新石器时代中期，人们就发现了铜可以做器物，能弥补陶器的易碎。距今 5000 年前的仰韶文化时期，甘肃马家窑文化出现了红铜器。红铜中加入少量的锡或铅，就可变为青铜。距今 4000 年左右，夏朝二里头文化时期，中国进入了青铜时代。商代晚期和西周早期，青铜器大量出现，此时的青铜器威严庄重，显露君王之气。

青铜质料较硬，一般用范造法或失蜡法铸造，形制多仿鸟兽，纹饰常用夔龙纹和饕餮纹。青铜的冶铸技术作为生产力发展的标志，是当时亚洲大陆上一颗闪亮发光的明珠。

中国古代青铜器有很大一部分跟古人的饮食文化有关，如鼎是用来烹煮食物的，盉是用来调酒的，觚是用来饮酒的，盘是用于饭前洗手的等等。

商朝是一个离不开酒的朝代，认为无酒不礼，无酒不欢。殷商时期，青铜器以酒器居多，可谓琳琅满目，风格奇特，具有极高的艺术价值。

一、“田父”铜爵

这件巩义地区出土的商代“田父”铜爵（图 3–24）是一种酒器，其造型流畅庄重，纹饰清晰精美。爵体呈深腹状，爵身兽面纹清晰可见，足为三棱形外撇尖状高足。口沿处有倾倒酒液用的“长流”，沿上有两个“菌形柱”，沿后呈尖状短尾，是典型的商代晚期青铜爵标准样式。爵腹有一侧半环形手握，鋬下有“田父”二字铭文，故称“田父”铜爵。它既是一件实用器，又是一件精美的艺术品，为研究商代文化提供了珍贵的实物资料。

图 3–24 “田父”铜爵

二、鸟盖扁形青铜盉

西周的酒具虽然是从商代发展而来，但其数量和品类却远不及商代。商代晚期，商纣王沉迷于酒池肉林的奢靡生活，国人也酗酒成风。周人认为商人好酒是致其灭亡的一个重要原因，便从中吸取教训，在西周初期就制定了禁酒令《酒诰》，严禁周人酗酒，规定如有群饮酗酒者，处以死刑。故此，周初青铜酒具数量下降，以至于许多酒器最后绝迹。但能够保留下来的，仍然不乏精美之作。

图 3–25　鸟盖扁形青铜盉

巩义市博物馆收藏的鸟盖扁形青铜盉，无论在外形上还是在纹饰上，都可以称作经典。

这件巩义地区出土的西周青铜盉（图 3–25），为扁椭圆形，盉顶部饰一仰首挺胸的卧鸟，鸟前下方一兽首长流，右侧中部一兽形鋬，腹部两面均饰以重环纹，纹饰清晰流利，四个扁形矮足上粗下细。鸟盖扁形盉构思巧妙，造型优美，堪称精品。西周时期有一种甜酒叫作醴（lǐ），类似于今天的米酒，饮用时需兑入一定量的水来调制口味，青铜盉就是专门调制美酒的器皿。

三、带盖青铜鼎

鼎，原为炊器，相当于现在的锅，既可用于烹煮肉食，亦可盛装肉食用作专门祭祀的礼器。

鼎在中国古代主要有两种造型。一为三足圆鼎，一为四足方鼎。许慎在《说文解字》里说“鼎，三足两耳，和五味之宝器也”。随着铸造技术的发展，形体硕大，纹饰繁缛的青铜鼎逐渐成为象征国家至高无上权力的礼器，用于祭祀活动。

图 3–26　带盖青铜鼎

巩义市博物馆馆藏的这只青铜鼎（图 3–26），为圆腹三足鼎，平沿内折，双立耳微向外撇，反映出古人高超的智慧和铸造技巧，为研究西周时代的历史提供了珍贵的实物资料。

四、青铜戈

戈是古代武器的一种。这件青铜戈（图 3–27）采集于巩义市孝义镇孝南村。青铜戈脊厚刃薄，外轮廓平滑流畅，做工精致，重量分布均匀，坚硬且冷峻，刃部锋利。

《史记》中记载：“伏羲造戈，以铜铸之。”戈是由原始生产工具石镰或者石刀演变而来。最早的青铜戈出现在河南偃师二里头文化早期，一直到汉代，戈都是中国古代战场上使用最为广泛的兵器。它可啄、可推、可勾、可砍，在沙场上所向披靡，曾被列为车战五大兵器之首，在很长时间内享有“铜戈一出，谁与争锋”的荣耀。

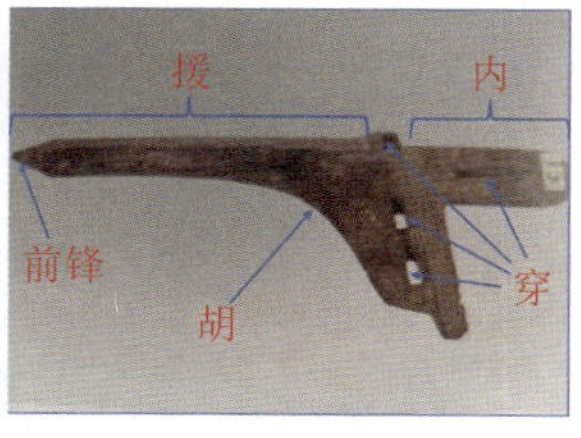

图 3–27　青铜戈及青铜戈部位指示图

第三节　农耕文明——洛汭汉代铁农具

根据史料记载，巩义铁生沟遗址是西汉时期河南郡建立的铁官作坊，属汉代官营冶铁大型作坊之一。巩义市博物馆馆藏为数不多的几件汉代铁器文物，反映了两汉时期河洛地区社会生活的发展状况，体现了古洛汭农耕生产方式的文明和进步。

一、铁䦆

铁生沟汉代冶铁遗址出土的铁䦆（图 3–28），为双合范制，呈梯形，顶端有长方形直銎，可安柄。

图 3–28　铁䦆

二、铁铧

这件铁铧（图 3–29）出土于巩义铁生沟汉代冶铁遗址。铁铧是耕地破土的农具，扁窄的一头叫铧刃，直边；另一头为犁铧的銎，用于安装在耧车上。这件犁铧的头部之所以是齐头而不是尖头，是因为更适合在河洛两岸两合土的疏松土地上开沟作垄。

图 3–29　铁铧

第四节　水土火相融——精美的陶器

陶器是人类社会发展史上划时代的创造发明，是伴随着农耕文明产生的水、土、火的融合淬变艺术。

作为河洛文化核心区的古洛汭，自古以来就是烧造陶瓷的一块宝地。这里浅山丘陵，河流纵横，水源充足，有取之不竭的黏土，有丰富的矿资源，有勤劳智慧的河洛人，所以古洛汭一带成为我国较早烧制陶器的地区之一。

在巩义市博物馆，既陈列着古洛汭大地发掘的许多精美陶器，也有采集到的遗存在巩义的外地陶品，这些文物是我们了解古代社会生活、科学技术、文化艺术的宝贵资料。

一、红陶钵

这件出土于巩义坞罗西坡遗址的红陶钵［图 3–30（a）］，距今已有七八千年的历史，是裴李岗文化时期古洛汭先民最原始的盛储器。红陶钵原料为含铁量较高的偏红黏土，由手工捏制而成，形制欠规整。钵口外敞，平底无抓手，口大底小，像一朵盛开的花朵。几千年过去了，至今，人们的饭碗样式基本没变，像郑州烩面、兰州拉面、陕西凉皮，用的仍是类似形制的盛器，尤其是一些现代餐具碗［图 3–30（b）］，几乎与这件红陶钵的形制一模一样。

（a）红陶钵

（b）现代碗

图 3–30　红陶钵与现代碗形制相似

二、红陶尖底瓶

图 3–31　红陶尖底瓶

这件巩义市博物馆旧藏的红陶尖底瓶（图 3–31），是距今 7000—5000 年仰韶文化时期具有代表性的器物。泥质红陶，陶质较细，用泥条盘筑法制成，内壁有拍捏痕迹。此瓶直口、翻唇、上腹近直，下腹稍鼓急收至尖底。口沿下有几周弦纹，近口处有六组捏制而成的附加堆纹，整器布满划纹，从一侧斜下盘旋至底，腹中部有一系耳，呈不规则圆洞，另一侧有一处“曰”形刻画符号。

尖底瓶是一种汲水器，在仰韶文化中较为常见，一般为小口尖底瓶，它巧妙地利用了重心原理和平衡原理，使用时将尖底瓶放置于水中，当水自口注满时，尖底瓶即会自动竖立。另外，尖底瓶还可以配合鼎或盆等器物用作瓮棺葬。圆洞用来供灵魂自由出入。瓮棺一般作为儿童葬具，埋于房屋建筑的角处或房基下，以示骨肉不分离。

三、夹砂灰陶四足双连鼎

图 3–32　夹砂灰陶四足双连鼎

巩义市博物馆旧藏四足双连鼎（图 3–32），是仰韶文化的一件酒器。其造型为两鼎连体，侈口，卷沿，束短颈，折腹，素面，环底，四个扁平实足。胎质为夹砂灰陶，坚硬，粗糙。根据民俗学资料，这类器皿通常作为温酒器，在部落举行盛事庆典、婚礼仪式、款待贵客等场合使用，具有高贵、尊严、团结、友爱的内涵。

四、战国带盖灰陶豆

图 3–33　带盖灰陶豆

这件 2000 多年前战国时期的食器灰陶豆（图 3–33），于 1992 年巩义市站街镇仓西村出土。豆，是我国先秦时期流行的食器和礼器。开始时多用于盛放黍、稷等谷物，后一般用于盛放腌菜、肉酱等调味品。豆有带盖和不带盖两种。这件战国灰陶豆由盖和底两部分组成，泥质灰陶，轮制成型，子母口，微敛，弧腹，深圈足，腹壁有数周弦纹，盖饱满，身微侈，弧壁，几周弦纹，小圆饼形提手，中心有一圆洞。

五、黑陶觚

这只素面黑陶觚（图 3–34），陶质细泥，器型规整。侈口薄沿，壁如反弧，上半部弧度较大，下半部弧度略缓，比例适当，自然流畅。内底突起，外底内凹，使器物上轻下重，稳重中不失轻盈。脖细，口沿微微外翻，符合古人倒酒时一手圜觚、另一手托底的姿势。

图 3–34　黑陶觚

黑陶一般分为两类，一类胎体较灰，造型完成后在陶体表面施以黑色，犹如穿了一件黑衣，入窑前打磨光亮，烧制火候控制在 900℃ 左右；另一类是黑色胎体，通体漆黑有光泽，用轮制可以做成如蛋壳的薄壁，一般烧制温度在 1000℃ 左右。

巩义市博物馆馆藏黑陶不多，这件在巩义市西村镇坞罗水库采集的黑陶，属新石器时代龙山文化（龙山文化，新石器时代晚期的文化遗存，距今 5000—4000 年，因于 1928 年首次在山东章丘龙山镇发现而得名，属夏代之前时期的文化）。

六、灰陶仓

巩义市博物馆馆藏文物“黄粱米千石”陶仓（图 3–35），是东汉时期的一件墓葬明器，为当时储藏粮食的陶仓模型，虽不及实体建筑那样雄伟壮观，但这些建筑明器对研究汉代巩义地区的社会生活和丧葬习俗提供了珍贵的实物资料。

图 3–35　灰陶仓

成书于秦汉时期的《礼记》有这样的记载：“国无九年之蓄曰不足，无六年之蓄曰急，无三年之蓄曰国非其国也。”承载 3 年、6 年、9 年的粮食，必须是大量的、功能完善的粮仓。

这件陶仓作为汉代墓葬中常见的随葬明器之一，正是墓主人拥有粮食、土地等财富多寡的象征。

七、灰陶灶

这件灶台明器，全名叫“河一画像灰陶灶”［图 3–36（a）］，现存于巩义市博物馆。陶灶呈长方体形，灶体内空，灶台上有两处放锅的灶孔，灶面上浅刻着刀、勺、火钩、火通、钵［图 3–36（b）］。灶面 4 个边沿处有 3 条鱼纹装饰，头尾均以几何形花叶连接；另一个边沿无鱼只有花叶，花叶正中间有一圆形出烟孔。两个灶口肩部分别刻有铭文“河一”字样，应该是墓穴主人的名字。

灶体正侧面有圆拱形灶门，曲线纹装饰。门两侧立男女二人，分别题有“夫人”和“二千石”（石，dàn，量词）字样［图 3–36（c）］。汉朝的官职一般以俸禄标准起名，两千石就是太守或郡守，相当于现在的市委书记或省军区司令员一职。这件灰陶灶灶门旁雕刻“二千石”，是希望墓主人夫妇升天后能享受高官厚禄。与其他 3 个边沿不同的是，拱圈门正上方平顶边沿处，有一段梯形短墙起沿作为灰陶灶的正面装饰，突出了形制的写实性。

在灶壁的长面两侧分别为牵牛图［图 3–36（d）］和牛虎斗［图 3–36（e）］。牵牛图形象生动，图中一人嘴叼烟袋，光着膀子，左手拿着铲子、镰刀，右手拉着牛缰绳。这头耕牛梗脖子瞪眼，张着嘴哞哞叫着，似乎不情愿往前走。这一面的阳文浮雕生活气息浓厚，人与动物的姿态栩栩如生，显示了古代工匠艺人深刻的生活感悟和高超的绘制雕刻技巧。另一侧雕刻的是牛虎斗，场面激烈紧张，一牛奋力撞向一只猛虎，虎爪前伸，虎身朝后避让，使人不由得替老虎捏一把汗，真切感到了“牛气冲天”。

灶侧面短壁为猛虎图［图 3–36（f）］。此虎巨口龙须，怒目圆睁，四爪张开，前腿用力前伸，尾巴上翘，呈猛虎扑食状，显示了勇猛的气势。

（a）灰陶灶整体

（b）灰陶灶台面

（c）圆拱形灶门

（d）牵牛图

（e）牛虎斗

（f）猛虎图

图 3–36　灰陶灶

八、陶楼

大约在八九千年前，我们的祖先逐步离开树巢和地穴，开始在地面建造居所。当人们懂得用黏土制砖、造瓦之后，古建筑就融入了浓厚的艺术元素。尤其是进入封建社会以来，“秦砖汉瓦”里，承载着前所未有的辉煌，以木构为主、土木结合的各类楼阁式建筑体系初步形成和普及。楼阁式建筑是汉代建筑史上的最大成就，也是中国古代建筑走向成熟的标志。

这件巩义地区出土的汉代陶楼［图 3–37（a）］为随葬明器，是模拟当时社会生活中楼房建筑实体烧制的一件缩小版模型，制作形象逼真，属古建筑模型中的精品。

（a）陶楼正面

（b）从一层上二层的 V 形楼梯

（c）从二层上三层的人字形楼梯

（d）5 个“半两”钱纹痕

图 3–37　陶楼

此陶楼由上下两段制成，系重檐庑殿顶建筑，均由 T 形柱支撑，设计奇特而巧妙。整座楼从正面看为 3 层，从背面看好似两层。第一层坐于基座上，设廊，无门窗；第二层正面墙壁设 5 扇窗，背面无窗有梯；第三层正面墙壁开两个窗，较宽大，背面墙壁开 3 个窗，两边大，中间小。窗间的立柱前后错位，增加了楼体结构的稳定性，这样的设计，足见汉代建筑的科学性。

从一层走上二层，在楼的背面有长长的V形楼梯，可循阶而上［图3–37（b）］；二层楼的檐下走廊较窄，沿走廊拐弯到一边山墙处，登人字形楼梯可从二层走到三层［图3–37（c）］。

陶楼第三层两头山墙一侧开窗，另一侧开门，门上方压印五个“半两”钱纹痕［图3–37（d）］。半两钱形制为外圆内方，重量为半两。“半两”二字刻在方孔左右，模印出来后，方孔左为“半”，右为“两”。

第三层楼顶为“庑殿顶”，其特征是把屋顶做成前、后、左、右4面大坡，屋檐向上微翘，4面坡略有凹形弧度，雨水可以从四面流淌，又称为四阿式或四注式顶。其4面坡相交成4条斜屋脊，加上屋顶的横向正脊一共有5条脊，又称五脊殿，被认为是最能代表中国古建筑风格的屋顶。

这件巩义出土的重檐庑殿顶陶楼，主要用于粮食储备，是汉代粮仓的生动写照，属古建筑模型中的精品，再现了鲜明的时代特征。

九、灰陶猪圈厕

在汉代，一些地方的厕所多与猪圈相通，是一种非常节能的设计。巩义市博物馆陈列的这件汉代陶猪圈厕明器（图3–38），就是把厕所建于猪圈之上的缩影。

图3–38　灰陶猪圈厕

这件陶猪圈厕分上下两层，下方是猪圈，上方建有一座双坡顶厕所，厕所分别设有前门和后窗以及多处透气孔。门前有台阶，如果需要如厕必须上一段楼梯，这便是“上”厕所一词的由来。

古人这种猪圈与厕所合二为一的建筑形式，既可以循环利用厕所之物作为猪饲料，双层建筑结构也能节省空间，厕所建在高处，更能通风干燥。这种设计科学巧妙，一举多得，古人环保与可持续发展的思想可见一斑。

十、汉代彩绘陶鼎

彩绘陶是将陶胎烧成之后用彩色颜料在表面描绘纹饰的一种陶器，常用的彩绘颜色有红、黑、黄、白、赭等，底色多用黑、红或白，搭配绚丽斑斓。

图3–39　彩绘陶鼎

我国秦汉时期是彩绘陶发展的繁荣时期，在墓葬中出土的彩绘陶器常为随葬用品，造型有壶、豆、盘、鼎、尊等，大部分通体绘彩，纹饰复杂。

这是一件巩义出土的汉代彩绘陶鼎（图3–39），盖顶稍平，上饰柿蒂纹；壁上绘卷云，红边填黄彩，与白色勾云相间，绕以白色圆点；子母口，口沿绘白色宽带纹一周；弧腹内敛，圆底，腹部纹饰不清；沿下两侧有方形附耳，下承三个蹄形兽足。鼎盖装饰繁缛，色泽富丽，与鼎身的洗练简洁对比强烈又和谐统一，可谓繁简有致，布局得当。这件绘彩陶鼎制作精良且保留完好，目前在已发掘的汉代文物中极为少见，是研究汉代工艺美术史的珍贵实物资料。

十一、唐代飞鹤云纹彩绘陶盘

图 3–40　唐代飞鹤云纹彩绘陶盘

鹤纹始见于唐代，它是我国陶瓷经典纹饰之一，也是仅次于龙纹与凤纹之下的一类高贵纹饰。

这件巩义地区出土的唐代飞鹤云纹盘（图 3–40）为侈口，口沿外撇，浅腹，平底，下有三兽足，盘心有一圜，内刻一只仙鹤，黄身白羽，呈飞翔状。三朵白色如意形云纹，环绕仙鹤。圆圈外交替刻有八朵莲花和八枝莲叶，组成一幅仙鹤升天的图案。仙鹤翱翔天际，常常与象征着青天的云纹组合，表达了古人对于向往天空和自由的寄托。该盘以仙鹤纹作为主体纹饰，寓意长寿安康、福禄吉祥。

十二、唐代彩绘莲花座塔式罐

图 3–41　彩绘莲花座塔式罐

塔式罐是具有佛教特征的一种特殊罐式，流行于唐代，以彩绘陶最为多见。

这件唐代莲花座塔式罐（图 3–41），由罐和莲花座两部分组成。罐盖为塔形盖，塔顶为宝刹，罐侈口，束颈，鼓腹。莲花座由莲花盘和底座两部分组成，莲花盘由九个单层莲花瓣呈现。盘底部饰六个龙口衔珠，龙与龙之间以乳钉纹间隔。底座上小下大呈喇叭形。罐腹用黑彩绘两层花纹，上层为卷云纹、下层为莲花纹，灰白胎。罐侈口外沿绘褐色花纹，与盖上花纹相呼应。

彩绘莲花座塔式罐，显示出唐代匠师高超的制作技艺，具有极高的艺术价值，是唐代陶瓷工艺与佛教文化完美结合的产物。

十三、彩绘陶仕女俑

图 3–42　彩绘陶仕女俑

唐代人的审美标准是“以胖为美”“面如满月”，女性穿戴较为大胆率性，反映了大唐盛世社会风气开放、文化兼容并蓄的特点。

这两件仕女俑（图 3–42）看起来圆润肥胖，是唐代人审美的真实记录。左边仕女亭亭玉立，雍容高贵；右边仕女斜侧身姿，微张着嘴，似在与人交谈。兰花指动势灵活，透出仕女的优雅。这组彩绘陶虽着色不多，但色彩搭配柔和协调，凸显了人物高洁素雅的形象和气质。

十四、唐代彩绘陶仕女群俑

图 3–43 彩绘陶仕女群俑

巩义市博物馆馆藏珍品彩绘陶仕女群俑（图 3–43），是一组唐代美人群像。仕女们个个身材丰腴，高髻披巾，宽袖长裙，裙摆曳地，两只尖头履随意伸出衣袍下摆之外，肩部均以帔帛做装饰，上衣极短，裙腰高系，给人一种轻盈飘逸的美感，充分表现盛唐仕女“大髻宽衣”“丰厚为美”的时代特征。每个女俑都是昂首端立，目光温和，脸部圆润，神情安详。她们两手相握，放置胸前，仪态大方，气质高雅，潇洒怡然，娴静自信。这组仕女群俑形象塑造较为写实，表现出开放活泼、富有生机的人物风貌，传达着盛唐独有的浪漫气息，也是研究唐代女子服饰十分珍贵的第一手资料。

十五、唐代彩绘陶文俑

这件彩绘陶文俑（图 3–44）2008 年于巩义市芝田镇益家窝村唐墓出土。俑两手相握，站立于带有镂孔的略高底座上。两手中间有孔，似放笏板处。头戴进贤冠，冠前低后高，呈凹形。俑昂首挺立，姿态文雅，眉清目秀，高鼻，嘴梢上翘，胸前假两，宽衣长袍，腰束带，脚穿笏头履。帽、胡、眼、眉、假两带用黑彩绘出，假两和衣边用蓝彩、红彩、淡绿色、黑彩绘出花纹图案，有鎏金痕迹，其他绘橘红彩，彩大部脱落，灰白胎。

图 3–44 彩绘陶文俑

十六、唐代彩绘陶武俑

这件彩绘陶武俑（图 3–45）1988 年出土于巩义市芝田二电厂唐墓。俑左手叉腰，右手握拳高举，蹙眉，瞠目，阔口，翘髭。头戴展翅朱雀顶冠，披龙首披膊，身着铠甲，胸部有两圆护，胸、腰系索带，半圆形腹护，腿着膝裤，足穿尖头靴，通体绘红、黄、黑彩，脚踏卧牛，立于带有镂孔的底座上，威风凛凛。

图 3–45 彩绘陶武俑

十七、唐代彩绘陶胡俑

图 3–46　彩绘陶胡俑

这件彩绘陶胡俑（图 3–46）于郑州商学院 2004 年建校时出土，是巩县窑烧造的西域胡俑形象。

胡俑为丝绸之路上的西域商人形象，人物白胎红彩，侧立于不规则底板之上，头戴黑衣幞头，内着枣红半袖，袒右肩，身着绿翻领红袍，腰束带，足蹬长靴。深目，高鼻，方口，络腮胡，头向右侧，右手握拳上举，架左臂，握拳平抬，胯右摆，形似在拉着不想再走的骆驼的牵绳，动感十足。

十八、唐代彩绘陶地吞

巩义市博物馆的这件彩绘陶地吞［图 3–47（a）］，是巩县窑烧制的一件墓葬神器，出土于巩义市二纸厂唐墓，其命名是根据文物上唐代古人留下的“地吞”二字［图 3–47（b）］。

陶地吞融入了巩县窑工匠们对地吞的喜爱之情，集写真和想象于一体，设计上进行了大胆的夸张，具有强烈的艺术感染力。该地吞用黏土塑造，头部有绘彩痕迹，翅、鬃、须、耳皆用刀刻，线条粗细不同。地吞形体肥硕，神态威猛，鬃毛如针，耳小后竖，突眉瞠目，虎鼻阔口，上齿 6 颗平齐如刀，下齿 10 颗尖利如戟［图 3–47（c）］。两只前足短粗前伸，爪指如钩，肘部细毛短劲，肩部刚毛如翼；两只后足屈肢后蹬，与强劲的前肢和肥健的躯体协调一致；粗短的尾巴紧贴于两条细细的后腿之间［图 3–47（d）］。整个身姿团成一个椭圆体，低首弓背，垂尾敛臀，龇牙咧嘴，两眼直直盯着前方，似在土中嗅到猎物，拉起蓄势欲扑的架势。彩绘陶地吞形象逼真，动感十足，充满张力，活灵活现，给人强烈的力量之美和威武之美。

（a）侧面照

（b）底部的“地吞”文字

（c）地吞的牙齿

（d）地吞的尾巴

图 3–47　彩绘陶地吞

地吞这种文物在我国各地博物馆中比较罕见，河南仅此一例，因此显得尤其珍贵。地吞是黄河中下游地区庄稼地里吃害虫的一种小动物，20 世纪 60 年代以后已绝迹。因此，巩义市博物馆收藏的这件地吞不仅有着艺术学、社会学研究价值，也具有生态学研究价值。

十九、彩绘陶墓龙

墓龙是多见于唐代墓葬的一种神煞俑，奉为墓地守护神。

该墓龙出土于巩义市二纸厂唐墓。由男、女二俑组成，均为人首龙身，胸部以上抬起，以下匍匐于地，两龙身连体，在两俑背部形成一个圆，上缘呈齿状，中部凸起。男俑［图 3–48（a）］发分 4 缕，向上附着于龙身，脑后拢发，弯眉，凸眼，高鼻，突颧骨，嘴微张，面容清秀，身略左倾，双臂支撑于地，手简略。女俑［图 3–48（b）］发分 3 缕，飘洒飞扬，眯眼，秀鼻，丰唇，面如满月，上身较直，双臂亦支撑于地，形象端庄。

（a）男神煞俑墓龙

（b）女神煞俑墓龙

图 3–48 彩绘陶墓龙

二十、东汉绿釉陶仓

彩釉陶在东汉时期广为流行。彩釉陶和彩绘陶同属一个系列，不同的是：彩釉陶器物表面施釉，而彩绘陶不施釉。

巩义市博物馆馆藏文物东汉绿釉陶仓（图 3–49），是一件黏土坯彩釉面的陶器，最早出现于西汉的墓葬中，现为巩义市博物馆收藏。绿釉陶仓小口、平沿、广肩，肩部如伞状，饰一周竖棱，之间以浅弧相连，壁近直，平底，下承三兽足，壁上饰 3 组凹弦纹，红胎，伞状肩施绿釉，其他施棕黄釉，泛绿色。虽然经历了两千年的洗礼，但釉色依然鲜亮无比、光洁温润，至今仍散发着迷人的光彩。

图 3–49 东汉绿釉陶仓

二十一、汉代绿釉陶奁

奁是我国古代放置女性梳妆用品的器具。据《说文解字》记载："奁，镜匣也。"奁最早出现于西周，因其做工精美，款式多样，用料考究，集实用性和观赏性为一体，备受人们喜爱。

这件巩义地区出土的汉代绿釉陶奁（图 3–50），由奁盖和奁体两部分组成，通体施绿釉，厚重光滑。奁盖为博山形，恰似一座高高耸立的山峰，山峰中瑞兽相继奔跑，形象生动，栩栩如生，立体感极强。奁体为圆筒形，直壁，线条流畅，胎体厚重，刻有 3 条弦纹和瑞兽的造型，底部为 3 只兽形矮足，灵巧可爱。此件器物纹饰精美，造型古朴典雅，彰显出古代工匠的精湛技艺，是一件令人赞叹的汉代陶中珍品。

图 3–50 汉代绿釉陶奁

第五节 China——享誉世界的瓷器

瓷器是世界艺术园地灿烂绚丽的花朵，中国瓷器的使用是人类划时代的进步。瓷器不仅改变了中国人的生活方式，也是对世界文明发展的一个巨大贡献。精美的瓷器沿着海上丝绸之路和陆上丝绸之路走向世界，赢得了非常高的赞誉，故我国被西方国家称为“China”。

巩县青瓷略早于白瓷。北魏时期，巩县西泗河两岸窑口烧造的青瓷与白瓷，主要有碗、盆、罐、豆、钵、洗等生活用器。作为京畿之地的巩县，此时已有两处专门为皇室贵族烧造瓷器的官窑，北魏史书上称为“洛京窑”。

进入隋朝以后，陶瓷工艺有了显著提高，巩县陶瓷窑口迅速发展壮大，开创了制瓷手工业的新纪元。隋代陶瓷业的兴盛，为唐代青瓷、白瓷和三彩等陶瓷器的繁荣和精良奠定了基础。

一、青瓷

（a）正面

（b）底部（不施釉）

图 3–51 北魏青瓷钵

1. 北魏青瓷钵

巩义市博物馆收藏的这件北魏青瓷钵［图 3–51（a）］，于 1987 年在巩义市采集。钵敛口，鼓腹，平底，内壁满施釉，灰白胎，肩、腹、下腹部有阴刻 3 周露胎弦纹，弦纹外其余施青釉，底部不施釉［图 3–51（b）］。

图 3–52 北魏双耳高颈青瓷罐

2. 北魏双耳高颈青瓷罐

这是一件巩义市博物馆收藏的、1972 年在巩义市康店镇叶岭村采集到的北魏双耳高颈青瓷罐（图 3–52）。壶侈口，束颈，弧度柔和，鼓腹，平底无足，肩部有两个对称条形系耳，沿、颈、肩、腹均有阴刻弦纹装饰，颈下端饰水波纹饰带，肩部和内口施斑点青釉，罐身各部分整体比例协调，形制较为规整。

图 3–53 盘口青瓷瓶

3. 盘口青瓷瓶

这件隋代盘口青瓷瓶（图 3–53）1981 年于巩义市站街镇小黄冶村采集，现收藏于巩义市博物馆。瓶小口，束颈起棱，渐下鼓腹，弧度柔和，浅圈足。肩部有两圈紧密阳圜纹，下有分布均匀的阴刻圜纹装饰。瓶身施青釉，釉厚亮泽，延及瓶口内，底不施釉。器型工整，稳重中透出灵巧。

二、白瓷

白瓷是巩义市博物馆收藏数量最多的瓷器，馆中展出器物有 181 件之多（图 3–54）。

（a）展柜里的白瓷

（b）展台上的白瓷摆件

图 3–54　巩义市博物馆展出的白瓷

1. 隋代白瓷

据考古发现，白瓷最早出现在隋代，此时的白瓷釉色不白净，光泽不亮，很显然除铁去杂质的技术尚不成熟。在形制上，农家的鸡、鸭等家禽成了窑工获取的创作元素（图 3–55），注进了更多的生活情趣。有些器皿烧造也一改素色，有了“点彩”的初步尝试（图 3–56）。

（a）白瓷鸡

（b）白瓷鸭

图 3–55　隋代白瓷

图 3–56　带盖白瓷罐

2. 唐代白瓷

进入唐代，陶瓷工艺较前代有了突飞猛进的提高，生产的陶瓷品类也大大增多。比较大的窑口渐渐有了以地域为特征的窑名，“巩县窑”便在此时得名且名扬全国。

盛唐时期的青瓷与白瓷烧造技术已非常成熟，河南巩县窑、河北邢窑和定窑，成为白瓷的代表；浙江越窑成为青瓷的代表，形成了当时“南青北白”的陶瓷生产局面。此时的巩县窑，窑口众多，烧造工艺精湛，在中国陶瓷史上占有极其重要的地位。

（1）白瓷双龙尊

这件白瓷（图 3–57）1993 年出土于巩义市食品公司唐墓。双龙尊盘口，细颈，溜肩，深腹，腹部下收，在口沿至肩部两侧附有两个对称的龙首形耳。龙口衔尊沿，龙头、龙角、龙须刻画清晰，龙身卷曲成月牙状形成耳，平底，通身施白釉，釉色泛青，有橘皮纹。灰白胎，釉色白中偏青。

图 3–57　白瓷双龙尊

（2）白瓷兽面贴花罐

白瓷兽面贴花罐（图 3–58），1993 年在巩义市食品公司唐墓出土。罐为侈口，沿外卷，束短颈，弧肩，平底。罐上腹部等距饰 6 个模印兽面贴花，兽面前额饰乳钉纹，浓眉，眉梢对称内卷，大眼内凹，眼珠鼓凸，鼻上翻，张口露齿，颌下有 3 缕卷须，

图 3–58　白瓷兽面贴花罐

神情极为生动。罐口沿内壁及外壁大部施白釉，肩部有橘皮状斑。罐胎用料纯净细腻，拉坯严谨，修胎细致，轮旋极其规整，造型美观讲究。

图 3–59　白瓷葵口碗

（3）白瓷葵口碗

这只葵口碗形如盛开的葵花（图 3–59），小底，大口，碗沿分成 3 等份，略显出 3 片花瓣，形制灵巧，含蓄简洁。碗口无卷沿，略厚。这种碗形是河洛地区自古以来较为流行的样式，至今仍可见到。

图 3–60　白瓷佛器净瓶

（4）白瓷净瓶

净瓶，是一种“舶来品”，它的另一个名字叫“军持”，是由印度语名词“水瓶”音译而来。

净瓶是僧人随身携带用以盛水的器具，供饮用或洗濯。随着佛教的发展，净瓶逐渐变成了一种法器，最出名的当数观世音菩萨手里拿的净瓶，瓶中盛满甘露，插了柳枝，象征观世音将大慈大悲的甘露遍撒人间。所以在中国人的观念中，净瓶是为了插柳枝，于是观音手中的净瓶逐渐演变成中国长颈花瓶的形式，单口净瓶逐渐发展起来。

该净瓶（图 3–60）由盖和瓶身两部分组成，单口，瓶盖为塔形，覆碗状，最上层为佛光宝珠，瓶口圆唇，卷沿，其下为细脖，圆肚，瓶底覆碗形深圈足，灰白瓷胎，通体施乳白釉，釉色至足。

三、黑瓷

图 3–61　施釉不及底的黑瓷罐

巩义市博物馆黑瓷器收藏数量有限，精品更是不多见。

这件黑瓷罐（图 3–61），1992 年于巩义市芝田二电厂唐墓出土。黑瓷罐小口，圆唇、卷沿，短颈，广肩，弧腹，平底，白胎。内外均施以黑釉，外部施釉不及底，边沿釉线曲度自然，上腹部有几道划痕，罐身不甚光滑，疵点较多。

四、唐青花瓷

图 3–62　巩义市博物馆展厅里的巩县唐青花瓷

我国青花瓷的起源，以前被认为元代景德镇率先烧出青花瓷，后来考古证明，中国早期青花瓷器在唐代就已出现。

巩义市博物馆展厅里展出的这两件唐代巩县窑青花瓷（图 3–62），一件为小壶，另一件是盘子残片。因当时的钴料不太成熟，青花呈现的颜色不够光鲜艳丽，纹饰也比较简单拙朴，很显然，与后几个朝代相比，巩县窑唐青花瓷还处于童年时期。

五、明代素三彩瓷碗

素三彩是瓷器的釉彩名称，因不用红色，故被视作“素”。其制作方法是在高温烧成的素胎上用彩釉填在已刻画好的纹样内，再经低温烧制而成。“素胎”是陶瓷生坯没有上釉前预烧的胎，它既可增强坯体机械强度，使其在搬运时不易损坏，又可在上彩釉时不会因浸湿坯体而导致坼裂。

巩义市博物馆展出的明代素三彩瓷碗［图 3–63（a）］，1981 年于巩义市康店乡采集。碗侈口，卷沿，深腹，内底平，深圈足。碗内有 3 条花纹带，碗沿为白花绿叶相间的花纹。碗的内壁底色为孔雀蓝，上附缠枝牡丹和菊花，相对称的花纹均用黑色线条描边，紫色填花瓣。碗内底为仙鹤升仙图，纹饰由白、紫、蓝、棕等釉色构成［图 3–63（b）］。碗外壁底色与内壁相同，深蓝色线条描花边，花瓣不着色。圈底露胎，胎灰白。

（a）素三彩瓷碗

（b）碗内纹饰稠密

（c）仰烧　底不上釉

图 3–63　明代素三彩瓷碗

瓷器烧制分为“仰烧”和“覆烧”两种入窑方式。器物正放为仰烧，就像人的仰卧起坐，须正面朝上；器物倒扣为覆烧，就像人的俯卧撑，须正面朝下。仰烧的器物底部无釉，覆烧的器物口沿无釉。底部无釉一般出窑后不再补釉；而口沿无釉则要加工处理，或补釉再烧，或镶嵌金属口沿。这件瓷碗［图 3–63（c）］圈底无釉，属于仰烧。

六、豆青釉梅花瓷瓶

这件豆青釉梅花瓷瓶是清代乾隆年间器物，来自巩义市康百万庄园。花瓶（图 3–64）图案造型精美、胎质坚实细密。侈口、束颈、矮圈足，有兽形对称双耳，兽形可爱活泼，动感十足。肩部一道弦纹，更显装饰美感。瓶内外均施豆青色釉，釉色素洁清爽，典雅华美，温润柔和。豆青釉梅花瓷瓶为釉上彩，是将涂满豆青釉的花瓶高温烧制后，在颈和腹部绘白色干枝梅，梅枝上布满花蕾和花朵，微微凸起似朵朵梅花竞相开放，俏丽妩媚，让人仿佛置身田园，尽显东方古典艺术之美。足底部有篆书“大清乾隆年制”款识。梅花是岁寒三友“松、竹、梅”之一，象征着不屈不挠、坚韧不拔、自强不息、奋勇当先的精神品质。它能傲立雪中，不畏严寒，成为励志的文化符号。

图 3–64　豆青釉梅花瓷瓶

明代在釉下彩的工艺基础上，创造了釉上彩的新工艺，至清代常用。这件豆青釉梅花瓷瓶，就是釉上彩的典范。

七、清代“寿天百禄”五彩瓷瓶

（a）正面

（b）背面

图 3–65 “寿天百禄”五彩瓷瓶

这件五彩瓷瓶［图 3–65］为巩义市博物馆旧藏。瓶侈口，嵌铜，束颈，鼓腹，腹下内收，圈足，鎏金对称变形兽耳。颈的正面绘两个人物，一人高髻，上穿蓝衣下着绿裤；口吹横笛；另一人双髻，上穿红衣，下着黄裤，手托花篮。腹部正面绘“寿天百禄图”，图中绘有人物、鸟、兽、树木、花草，人物各具形态，衣着各异，形象逼真。颈上红色书以“钟鼎文”，腹部背面墨以行书 6 行。以青釉作底釉，画面人物衣着光鲜，色彩斑斓。此瓶造型别致，书法、人物、绘画刻画形象清晰，对研究清代瓷器工艺的发展有重要价值。

八、清咸丰款粉彩御窑厂方斗杯

这件清咸丰年间御窑厂烧造的粉彩方斗杯（图 3–66），属于巩义市康百万庄园旧藏。杯为方斗形，侈口，口呈长方形，深腹，斜壁下收，方形圈足外撇。杯两侧各有一红色龙首描金耳，杯施青色釉，边沿描金，内沿为蓝色花纹带，杯内底部绘彩色麒麟兽，周围布以云气纹。杯外壁四面为御窑烧制图，在青绿山水中展现御窑生产的全过程，生动逼真。足部外壁为红色花纹带，足底有“大清咸丰年制”款识。

（a）内底部

（b）足底

（c）侧面

（d）耳柄

图 3–66 清咸丰时期粉彩御窑厂方斗杯

九、清代描金诵经长颈瓷瓶

图 3–67 清代描金诵经长颈瓷瓶两面绘饰

这件清代描金诵经长颈瓷瓶（图 3–67）为巩义市博物馆旧藏，器型优美，线条流畅，瓷瓶图案呈左右对称状，内容相同，瓶盘口长颈，鼓腹圈足，白胎。通体施以白釉，腹部两侧分别在白釉上绘以釉里红的纹饰。瓷瓶两侧各有一老僧盘坐焚香诵经，面前放一茶几，几上除经书外，还设一花瓶和香炉。炉内香烟缭绕，花瓶内红色花卉正在开放。老僧背后放有一摞经卷，其余部分衬有竹叶，在画面中均以金彩勾勒出不同的线条花纹。圈足有一篆书印章“大清乾隆年制”。这对描金诵经长颈瓶制作精细，造型美观，彩绘新颖，两个人物和背景乍一看十分相同，但放大了看，却有些许细微差别，可见图案是手绘而不是复制。这是一件不可多得的瓷器精品，显示出清代制瓷技术和绘画水平的高超。

十、宋代钧瓷碗

钧瓷以“入窑一色，出窑万彩”而显得珍贵，曾一度成为皇家贵族专用瓷器。

这件巩义地区出土的钧瓷碗（图 3–68），敛口深腹，素面圈足，胎体圆润肥重。除圈足外通体灰中带紫，紫中泛红，釉色清新明丽，给人自然温馨之感。碗内有一小块紫色釉斑，造就了南宋时期钧瓷“泼斑成晕，变晕成彩”的风格，印证了我国陶瓷大家陈万里先生“仿佛蔚蓝的天空，突然出现一片红霞”的赞誉。

图 3–68 宋代钧瓷碗

第六节 黄冶唐三彩——京畿之地的骄傲

三彩器既不完全是陶，也不属瓷，它是一种低温铅釉陶，有着较大的独特性。三彩器在唐代始创且成就最大，因此人们称之为“唐三彩”。

作为洛阳的京畿之地，巩县窑成为烧造贡品唐三彩的主要窑口，这些窑口主要集中在西泗河下游段的黄冶河两岸。

唐三彩是我国陶瓷艺术宝库中的珍品，也是世界艺术中一枝独放异彩的奇葩。在巩义市博物馆，唐三彩的展品数量最多，琳琅满目，美不胜收。

一、唐三彩灯台

灯与人们的生活息息相关，给人们的生活提供了极大的方便，是人们不可缺少的生产、生活用具，在中华文明千年延续中有着举足轻重的地位。

这件唐三彩灯台（图 3–69），1992 年在巩义市芝田二电厂唐墓出土。灯台由双层灯盘、托柱、底座三部分连在一起构成。上盘内立一中空烛台，柱中空可插蜡烛，上、下盘中间柱阳刻十道弦纹，喇叭形圈足，烛台内施浅黄釉，外部黄绿色釉相间。灯台器形端正，典雅美观，釉色均匀饱满，绚丽温润，是巩义市博物馆唐三彩精品之一。

图 3–69 唐三彩灯台

二、唐三彩蝉

图 3–70　唐三彩蝉

蝉，俗名“知了”，古人视蝉为神圣的灵物。为了一个夏天的存在，蝉先要在地底下埋 4—5 年的时间。虽然生长过程十分艰辛，但是它一鸣惊人，一旦飞到树上，能叫出最响亮的声音，体现出旺盛的生命力和对生活无限执着的精神。

在古代文人眼中，蝉的形象富于人文色彩。蝉性情高洁、不食人间烟火，且有出土蜕变、展翅重生等特征。古人喜欢蝉，就是希望自身具备蝉的这种生命耐力和活力，蝉的化生精神与文人们所追求的洁身自好、寻找新生的朴素愿望相符。

巩义市博物馆展柜中陈列的这件文物唐三彩蝉（图 3–70），器形较小，形象逼真，造型比例协调，通体施黄、蓝、白釉，蝉的头尾蓝釉与中段黄釉、白釉相接处，在火的作用下自然交融润化，形成色彩的层次感和朦胧感。

三、唐三彩雕花杯

图 3–71　唐三彩雕花杯

这件唐三彩雕花杯（图 3–71）出自巩义黄冶唐三彩窑址，现陈列于巩义市博物馆。此种造型的唐三彩器物在当时属首次发现，引起了考古界的轰动。杯呈圆形，通体与汉代酒具双耳杯相似，口沿部位透雕对称 8 个圆孔，每边 4 个，圆孔周围浮雕花叶纹饰，衬以乳钉纹，犹如珍珠底。唐三彩杯里外都施釉，外部施棕红色釉，色调浑厚，晶莹润亮，富丽堂皇；里面用“梅花点彩”的技法，绿色、棕色、白色的釉融合在一起，均匀点缀于杯里，错落有致，仿佛散落的梅花。

四、唐三彩鸭衔梅花杯

收藏在巩义市博物馆的唐三彩鸭衔梅花杯（图 3–72），1988 年于巩义市芝田二电厂唐墓出土。

图 3–72　唐三彩鸭衔梅花杯

该器物造型别致，鸭子曲颈回首，口衔鸭尾，鸭尾呈杯形，杯作梅花状。鸭背凸起，其上以弧线装饰。鸭身为椭圆体形，两翼羽毛纹饰清晰，腹部羽毛以乳钉纹点缀，鸭尾部施黄绿相间的条纹状釉，其他部位施浅绿色釉。整个器形饱满别致，曲线优美，形象活灵活现，栩栩如生。梅花杯心与鸭腹相连，可盛装液体，设计独具匠心，堪称三彩中的精品。

五、唐三彩车

在巩义市博物馆里，陈列着一辆精致小巧的唐三彩车（图 3–73），向人们展现出古人出门，尤其是女子出门坐车的情景。

图 3–73　**唐三彩车**

唐三彩车精致小巧，外施绿釉和黄釉，釉色相互浸润，饱满浑厚，晶莹亮丽。3 个车轮撑起一架车，车内端坐一仕女，仕女面目清晰，温柔恬静，悠闲自得。唐三彩车造型逼真，车篷、车轮、车身雕刻精巧，细致入微。车篷上的花纹清晰可见，呈现出自然质朴之美，充满了浓郁的生活气息。3 个轮子具有稳定性，前面的轮子上部有一圆孔，应当是套在牲口的背上，拉车所用。

六、唐三彩陆羽制茶套具

唐代是我国历史上茶文化前所未有的繁荣时期。作为京畿之地的巩县，用唐三彩表现茶文化，是工匠们既顺应潮流又别出心裁的创造。巩县窑在大量烧造茶瓷器的同时，还烧造了茶神陆羽的偶像。

（a）全景　　（b）陆羽制茶

图 3–74　**唐三彩陆羽制茶套具**

这套唐三彩，是巩县黄冶窑烧造的以陆羽制茶为主题的场景［图 3–74（a）］。各件以黄褐釉和绿釉为主，粉白色胎。右侧为坐俑陆羽，面前风炉上置有茶鍑（制茶的大口锅），陆羽头裹绿釉幞头，身着一件窄袖圆领长衫，端坐于一亚腰形圆座上，左手抚于左腿上，右手执勺，身体微微前倾，神情专注地观察身前茶鍑中正在翻炒的茶叶。人物与茶鍑处在同一底盘之上，成为一件相对独立的“陆羽制茶”器［图 3–74（b）］。中间雕花桌几上，置 3 盘点心，桌前放有茶碾、茶漏等茶器。黄冶窑陶工往往售 10 件茶具便赠送陆羽像，既可整套送，也可单件送，灵活便利。2023 年 9 月，这套唐三彩陆羽制茶组件，赴故宫博物院展出。

七、唐三彩文俑

巩义市博物馆展出的唐三彩文俑（图 3–75），1988 年在巩义市芝田二电厂唐墓出土。文俑拱手立式，站在一个半圆而有镂孔的底座上，头戴进贤冠，冠前低凹，面部安详，身着宽领宽袖长袍，腰束带，胸前假两，下着长裙，脚穿笏头履，通身宽衣宽带，衣褶层次丰富，纹饰清晰，除头部未施釉外，通体施以黄、绿、棕三色，自然流釉，相互渗化，晕染自如，浑然成趣，极富中国泼墨写意画的韵味，再现了唐代文官温文儒雅的气韵。

图 3–75　**唐三彩文俑**

八、唐三彩武士俑

图 3–76　唐三彩武士俑

这件唐三彩武士俑（图 3–76）1988 年于巩义市芝田二电厂唐墓出土。俑立于镂孔中空的底座上，头戴朱雀冠，雀首下视，似马头状，尾部高翘，帽檐四边外卷，俑蹙眉、圆目，嘴上有上卷的八字胡，身穿铠甲，着龙形披膊，左手卡腰，右手握拳高举，左腿直立踏着牛背，右腿曲于牛头上，脚穿战靴，一副顶天立地的武将姿态。俑头部绘橘红色彩绘，除双手和颈部、脸部未施釉外，通身施棕、黄、绿色釉。

九、唐三彩骆驼

唐三彩骆驼常用的装饰手法，一是“彩带装饰法”[图 3–77（a）]，利用铅釉料本身的流动性，在底釉的一定部位刷上浓厚的釉汁，任凭其自然流淌而形成一条条斑驳的彩色条带，这是唐三彩最为常见的一种装饰手法。

（a）唐三彩骆驼

（b）点彩装饰法“浅点深”

（c）点彩装饰法“深点浅”

图 3–77　唐三彩骆驼（点彩装饰法）

这件馆藏于巩义市博物馆的唐三彩骆驼，用的就是“彩带装饰法”。涂在骆驼背上的赭红釉和绿釉，在火的作用下，形成“流釉”现象，犹如彩带垂下，自然飘洒，透出特殊韵味。骆驼立于小小的长方形托盘上，昂首嘶鸣，驼峰摆动，尾上卷贴于上臀部，颈下鬃毛、驼峰、尾部和四肢的胯部施淡黄色釉，托盘未施釉，灰白胎。这件唐三彩骆驼藏品，其体态饱满健壮，四肢强劲有力，将一种耐劳、剽悍的艺术形象一览无余地呈现出来。

二是“点彩装饰法”，用毛笔在骆驼坯上点染各色釉汁斑点，或在深色底釉上点出浅色斑点即“浅点深”[图 3–77（b）]，或在浅色底釉上点出深色斑点即“深点浅”[图 3–77（c）]，使之疏密相间，图案呈现出自然天成的效果。

十、唐三彩马

唐三彩马以造型生动逼真、色泽艳丽和富有生活气息而闻名。作为中国艺术瑰宝，唐三彩马折射出唐文化的绚丽多彩。

唐三彩马形体构造复杂，一般采用合模制作与手工拉坯结合的方法。马的配饰常用“堆贴装饰法”，将模印好的各种装饰物粘贴在唐三彩马的一定部位上，装饰马鞍、披毯、铃铛、宝相花等，使唐三彩马显得更加华贵庄重。

这匹用堆贴装饰手法烧造的唐三彩马（图 3–78）立于长方形托板之上，马首高昂，张口，尖鬃。马身略施淡褐色，铃铛施绿色。托板、鞍背未施釉。马配饰攀胸，革带上系有铃铛，堆以贴花装饰。背上堆贴马鞍，鞍褥绘红彩，两边搭条状红色袱。该唐三彩马胎质为灰白色，细密坚硬。

图 3–78　唐三彩马（堆贴装饰法）

十一、唐三彩绞胎盘

绞胎是唐代瓷业中的一个新工艺，首创于唐代巩县窑。绞胎瓷器的制作工艺比一般纯胎色釉瓷器繁复，独特的纹理扭曲和色彩变幻如行云流水，自在洒脱，具有中国山水画的悠远意境与韵律。

这件绞胎盘（图 3–79）1988 年于巩义市芝田二电厂唐墓出土。盘灰白胎，侈口，圆唇，浅弧腹，平底。内外壁施绞胎釉，浅黄色釉为底，以黄绿色绞胎，自然形成木纹状花纹，也像极了斑马纹。

图 3–79　唐三彩绞胎盘

十二、宋三彩莲花豆

由于历史原因，兴盛于唐代的巩县窑在宋代初期犹如遭遇一场大雨，许多窑口的火焰被扑灭，西泗河十里火光的往日景象再也不见，洛汭大地，只留下星星点点的小窑口，勉强延续着窑脉。这件北宋三彩莲花豆，就是为数不多的巩县窑口的散品。

巩义市博物馆收藏的这件宋三彩莲花豆（图 3–80），1984 年于巩义市核桃园采集。豆侈口，平沿，浅盘，高圈足，腹壁上剔出莲花瓣，口沿、花瓣均施绿釉，器身施黄、绿、棕釉。足未施釉，露灰白胎。

图 3–80　宋三彩莲花豆

十三、宋三彩绿釉缠枝牡丹枕

这件宋三彩绿釉缠枝牡丹枕（图 3–81）是金兵入侵、宋朝南迁以后巩县少量窑口烧制的绿釉瓷枕，1987 年于巩义市大黄冶村采集。瓷枕长方体元宝形，枕面中心四陷，四角翘起，形成弧形，造型美观典雅。枕壁四面剔、划缠枝牡丹花纹，两边刻两道弦纹，雕刻生动，线条流畅，纹理刻画细腻。枕粉红胎，除底面未施釉外，其他施以绿釉，釉色翠绿古朴，光洁润泽，沉静深邃，庄重浑厚，堪称珍品。

图 3–81　宋三彩绿釉缠枝牡丹枕

第七节　比德之物——冰清高洁的玉器

玉，本是自然界中的一种石头，但是它经过人工千雕万琢的打磨，变成了令人体舒神怡的艺术品和冰清高洁的精神化身。

中华玉文化，充满了中国人独有的道德和精神内涵。儒家所提倡的“以玉比德”，就是借玉的温润、高洁、坚毅、忠贞等品质弘扬中华礼仪文化。

一、水晶琥珀项链

图 3–82　汉代水晶琥珀项链

水晶，古称水玉、水精、水碧等，是稀有矿物，属于宝石的一种。它生长在地下深处，通常都要经历火山和地震等剧烈的地壳运动才能形成。琥珀诞生于 4000 万至 6000 万年前，是松树脂在历经地球岩层的高压、高热作用之后，产生质变的化石。

2001 年，巩义地区出土了一座东汉夫妻合葬墓，墓中陪葬器物非常丰富。其中女主人所戴除了大量金银首饰，还有一串水晶琥珀项链（图 3–82）尤为特别。考古发掘时，这串项链仍在女主人脖子处，位置未乱。

项链由 3 个水晶老虎、5 个水晶方坠儿、11 个琥珀珠组成。水晶老虎 1 大 2 小，昂首蹲卧，尾贴于背，雕刻刀法简练，细部微有差异。水晶方坠儿 3 大 2 小，整体近乎长方体，正面、背面成瓦状，边沿扬起，纵轴方向两端各突出一圆台或八棱圆台。腰部 4 道凹槽将方坠儿分成上下两部分，横腰穿孔。琥珀珠 1 个圆球形，其余 10 个为扁椭圆形，厚薄不均，大小不一。

水晶方坠儿由于化学性质稳定，硬度高，易于存放，因而历久弥新，基本还是晶莹剔透的状态。但是琥珀已有较大程度的腐蚀变色，不见最初的通透澄净。

二、汉代玉握猪

汉代人崇尚“事死如事生”的观念，奉行厚葬。汉代礼玉减少，丧葬玉较多，猪形玉握是汉代墓葬中最流行也最常见的陪葬品。“金玉在九窍，则死者为之不朽。”在中国古代贵族墓葬中，以玉殓葬是古老的丧葬习俗，古人认为逝者不能空手而去，要握着财富和权力而去。手握玉猪就是财富及权力的象征。

图 3–83　汉代玉握猪

这件汉代玉握猪（图 3–83）呈方柱形，采用“汉八刀”的雕刻方法，背部浑圆，腹部平直，一端稍尖为头，身上刻有数条凹线纹，分别表示出猪褶皱的嘴、大大的耳朵、屈曲的四肢等，仅几刀功夫，却造型生动。

“汉八刀”，是汉代玉雕一种特殊的技法，通常用寥寥几刀，雕刻出自然简洁、粗放朴拙的风格。“八刀”，不是确指 8 条刀痕，而是泛指用刀简化、不求繁复的雕刻技巧。

三、汉代玉剑璏

巩义市博物馆馆藏的这件汉代玉剑璏（图 3–84），白玉材质，色调偏黄。整体为长方形，两端均有向下弯卷的勾檐，属双卷檐璏。正面一端浅雕兽面纹，似牛头形象，尤其一双眼睛狡黠传神。其余部分琢满细密的卷云纹，显得华丽优雅、神秘灵动。背面开扁形孔，结构精巧，雕刻细腻。玉剑璏工艺精湛，风格洗练，表现了汉代艺术拙朴而不失秀雅的气势。

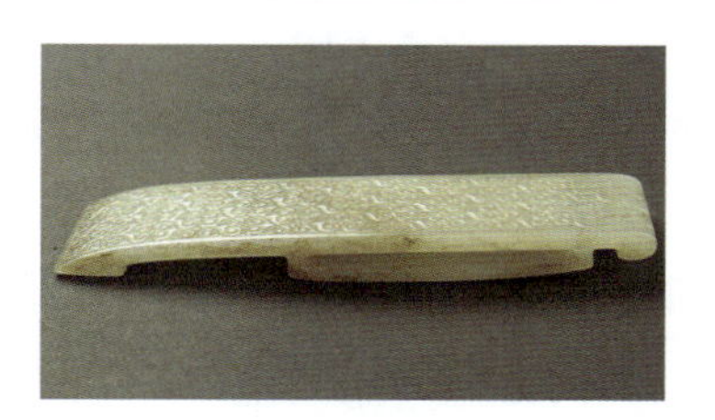

图 3–84　汉代玉剑璏

四、清代莲叶玉石笔洗

莲有高洁、雅致、清廉等独特寓意，古人爱莲，不仅体现在“出淤泥而不染，濯清涟而不妖”的诗句中，同时也体现在文玩雅器的造型上，这件巩义地区出土的清代莲叶玉石笔洗便是最好的见证。笔洗是用来盛水洗涤毛笔的器具，是文房四宝笔、墨、纸、砚之外的第五宝。笔洗以形制奇巧、种类繁多、雅致精美而广受青睐，其赏玩性远远大于实用功能。这件莲叶玉石笔洗［图 3–85（a）］通体为一张莲叶卷起的形状，整体呈不规则椭圆形。莲叶边沿自然向内外卷曲，形态婀娜。在笔洗中间，外部［图 3–85（b）］对称两个花杆，自底通向背后，连接一枝花蕾，花蕾含苞待放。莲叶内外分别线刻叶脉，巧借相间的灰绿和墨绿色，色彩斑驳，形态逼真，造型新颖，雕刻工艺细腻精巧，是一件不可多得的精美玉雕艺术品，对研究清代玉雕工艺有很重要的价值。

（a）

（b）

图 3–85　清代莲叶玉石笔洗

五、清代藕片形玉佩

巩义市博物馆展出的这件清代藕片形玉佩（图 3–86），1992 年于巩义市采集。玉佩是一片切开的藕节，洁白的切面上，微微凸起一株盛开的莲花，引来蜻蜓轻吻，让人不禁联想到“小荷才露尖尖角，早有蜻蜓立上头”的美景。玉料的莹白，更衬托了“出淤泥而不染”的高洁品质。莲藕的空洞大小不一，形状各异，3 个大孔、9 个小孔分布自然，形态逼真。深紫色的斑点影影绰绰，若隐若现，表现了玉匠借形造物、借色构图的独特思维与高超技艺。

（a）正面

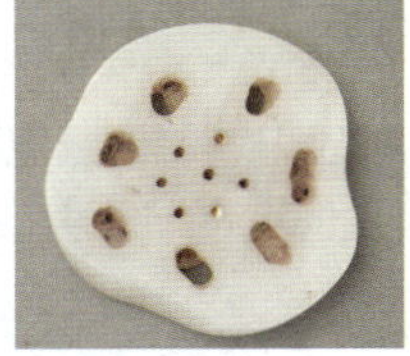

（b）背面

图 3–86　清代藕片形玉佩

六、清代松树纹玉石酒杯

图 3–87　清代松树纹玉石酒杯

这件清代松树纹玉石酒杯（图 3–87），杯为簋形，直口，直腹，圈足，玉质晶莹剔透，有少许杂质。玉杯玉色丰润，杯身上部呈青白色，下部呈青色，杯壁夹有浅褐色斑块，杯内夹有墨色小圆点，玉杯的玉质细腻坚硬。两对称长方形卷耳，耳上浅刻云纹。腹部周围梁浅雕松树、水波和鱼纹，寄托了人们“饮一口清酒，赏一场春秋”的浓厚情感与深邃理念。

七、清代松树纹人物玉盏

图 3–88　清代松树纹人物玉盏

巩义地区出土的清代松树纹人物玉盏（图 3–88）呈豆青色，薄如蛋壳，使本来晶莹透亮的玉质更加剔透。盏内素面，盏外浅刻人物、松树、亭子。松树底下一小孩弓腰拱手作揖，似乎向三人拜师请教，三人持笛、琵琶、剑等物呈站立状。人物形象清晰，眉、眼、须、发、衣饰雕刻十分精细，大部分用浅刻手法，刀工熟练，是一件精美的工艺品，具有很高的艺术价值。

八、清代玉簪

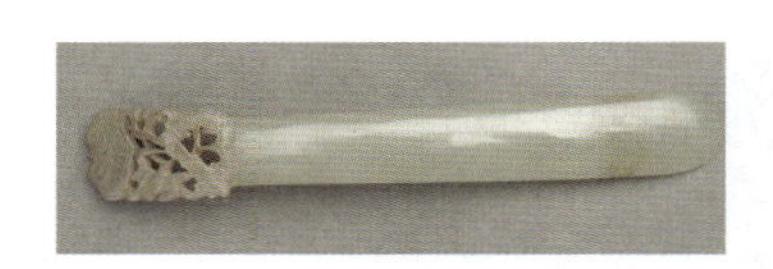

图 3–89　清代玉簪

发簪，是用来固定和装饰头发的首饰，质地通常有石、陶、竹、木、玉等多种。这件巩义地区出土的清代玉簪（图 3–89），整体为如意器形，青玉质料，薄而通透。簪头为蝙蝠纹和透雕的灵芝花纹，蝙蝠憨态可掬，灵芝花叶繁茂。“蝠”和“福”谐音，取如意、吉祥、福瑞之意。簪子是佩戴在贵族女子发髻上的饰物，贵族女子在重大的场合都会佩戴各式各样的发簪进行装扮。自古以来，青玉就被赋予了忠贞纯洁的美好寓意。直到今天，我们仍然对玉有着深厚的感情和浓郁的兴趣，爱玉、尚玉之风依然存在。

第八节　奇思妙想——可爱的特种器物

一、汉代金鸟饰

图 3–90　汉代金鸟饰

这件巩义地区出土的汉代金鸟饰（图 3–90），鸟似斑鸠，单足立于十字形架上，尖喙，肥圆身，无尾。身上用金丝圈成羽毛的形状，金丝外侧装饰极小的连珠，羽毛中间及喙、两眼、头顶用金丝圈成小圆圈，内嵌 12 颗绿松石。十字形架由直径 0. 4

厘米的金质管焊接在一起，金管两端各装一壶形牌饰，牌边饰连珠，圆形铆钉将之与十字形架铆在一起，精美的工艺令人赞叹。

金银器是中华民族艺术中一朵美丽奇葩，它将大自然的创造与人类的智慧完美结合，器物制作技巧高超，造型精巧，装饰细密，色彩和光泽美丽夺目，备受世人青睐。

二、汉代朱雀铜熏炉

这是一件汉代铜熏炉（图3–91），1980年在巩义市芝田镇稍柴村采集。经历漫长的岁月后，熏炉表面呈绿色。炉由盖、炉体和承托盘三部分组成。炉盖为半球形，盖顶朱雀双目炯炯有神，远视前方，伸展双翅，尾羽上扬，神气十足，似展翅欲飞。炉盖肩部有3只灵动可爱的小朱雀，对角分布呈三角形，皆仰首朝向盖顶朱雀。盖体为镂空形，盖边饰以梅花。熏香时香气会从炉盖镂空处散发，如丝如缕，弥漫不绝。炉盖与炉体用扁形钮相连接，钮可以使盖上下活动、打开，炉内可放置熏料。炉体用竹节状炉柱与托盘衔接。托盘侈口，宽沿，直腹，平底，下有3个乳状小足。托盘有3种作用，其一，熏香时需在炉体内底部放置炭火来熏燃香料，汉代人席地而坐，此时承盘里加水便可防止因为火渣掉出来而引起火灾。其二，盛水以润气蒸香，既缓解干燥，又具蒸腾熏香效果。其三，汉代五行学说开始兴起，用五行水克火之理，以避免火旺伤神。

图3–91　**汉代朱雀铜熏炉**

朱雀铜熏炉构思巧妙，造型别致，工艺精湛，实用性与艺术性并存。其中主要装饰物朱雀是中国古代神话中的四灵之一，代表祥瑞。汉代人相信在器物上展现祥瑞就会真的引来祥瑞之气，从这件器物上可一窥汉代人的精神信仰和文化诉求。

三、汉代卧羊铜灯

中国是世界上最早发明灯具的国家之一，春秋战国时期就出现了专门用于照明的灯具。灯的发明，将人们从黑暗带向了光明，几千年来灯具的演化发展续写着我国自古以来丰富多彩的灯文化。

羊是一种温柔顺从的家畜，历来被人们所喜爱。我国自古以来就有以羊为吉祥瑞兽的风俗，工艺制造者也常把羊作为原型加以刻画。

这件巩义地区出土的汉代卧羊铜灯（图3–92），造型优美，结构巧妙。羊呈四肢屈膝的跪卧状，头稍抬，眼睛微鼓，双耳竖起，双角呈环形自耳下绕过，羊嘴紧闭，胡须垂至胸前，神态生动，恬静安详。羊背做成可翻转的灯盘，黑夜燃灯时，椭圆形的灯盘翻转至头顶，可盛油点灯，一端有流嘴，可放灯捻；

图3–92　**汉代卧羊铜灯**

熄灯后，羊背复归原处。羊腹中空，用以存储灯油。当不燃灯时，可把燃剩的灯油回注于羊腹中。头与背有钮衔接，灯盘放下后又与羊体吻合，通身阴刻菱形或圆点等不规则的小细纹，装饰性强。

汉代卧羊铜灯集科学性和艺术性于一体，装饰性和实用性于一身。形象逼真，构思巧妙。

四、汉代兽首架铜熨斗

《春秋左传正义》云：“中国有礼仪之大，故称夏；有服章之美，谓之华。”中国传统服装承载了华夏之美，然而华服美妙，也怕皱褶纷乱无形，于是熨斗就在不断演变中产生了。

（a）

（b）

图 3–93　汉代兽首架铜熨斗

巩义市博物馆藏有一套汉代兽首架铜熨斗，1980 年于巩义市河洛镇洛口村采集。铜熨斗顶部端坐一只瑞兽［图 3–93（a）］，瑞兽下有半圆穿孔，用来放置长柄铜熨斗。细长的支架下连接沉稳厚重的覆盆式底座，底座上饰有弦纹和几何纹。这件器物造型优美，工艺精湛，充分体现了古洛汭悠久的历史和深厚的文化底蕴。

兽首架上配一件素面铜熨斗［图 3–93（b）］，圆形，折沿，直腹，圜底，半棱柱状长柄，柄面平直，柄底微弧。这与唐代画家张萱的《捣练图》中仕女熨烫丝织品的熨斗非常相似，均为长把勺状，说明自汉至唐，千百年来样式几无变化。

五、唐代贝雕饰品

贝雕是一门古老的艺术，运用传统雕刻手法和国画构图形式，制成浮雕花鸟、山水、人物等贝雕画，以坚实细密的质地、柔润光滑的色泽以及精美的雕刻艺术，受到人们的珍爱。

这件巩义地区出土的唐代贝雕饰品［图 3–94（a）］，呈白色，温润有光泽，半月形，双面雕刻，雕工精细。正面阳刻两只鸳鸯戏水于牡丹丛中，牡丹叶肥花茂，舒展圆润，筋脉清晰可辨，一只鸳鸯昂首展翅于花丛中，另一只鸳鸯勾首展身，悠闲漫步。贝雕边沿为扇形连弧，背面［图 3–94（b）］阳刻荷花荷叶，似有鱼儿在水中游曳，边沿有扇形 16 个，每个扇形都刻有松针纹，扇与扇之间各有一小圆孔，既是装饰又可穿绳。这件唐代贝雕装饰形象逼真，栩栩如生，玲珑可爱，赏心悦目，是一件别致而精美的艺术品，有着独特的艺术魅力和较高的艺术水准。

（a）正面

（b）背面

图 3–94　唐代贝雕饰品

六、清代浮雕龙树纹犀牛角杯

图 3–95 清代浮雕龙树纹犀牛角杯

犀牛角是一种非常名贵的牙角料之一，比象牙更为稀有。早在殷商时期，人们就曾“以兕角为觥”，把犀牛角制成器皿饮酒，祛病延年，成为当时达官贵人的一种时尚生活方式。

犀牛角制品在明清时期迅速发展并兴盛起来，成为富裕和尊贵的标志，是当时封建贵族追捧的艺术珍品。如今世界野生犀牛已非常稀少，我国最后一头黑犀牛1922年在云南被猎杀，现在仅有的几头白犀牛成为国家一级保护动物。从艺术角度来看，这件清代浮雕龙树纹犀牛角杯（图 3–95）愈发罕见和珍贵。

巩义地区出土的这件清代浮雕龙树纹犀牛角杯，集实用性和观赏性为一体，用一个完整、饱满、圆润、硕大的犀牛角顺势雕刻而成。杯身通体为酱色，侈口，深腹直收，大口小底，呈不规则形状。杯内为花瓣形，内底凹陷，杯外高浮雕枝干连接花叶、花蕾，并在枝叶间雕一浮龙，呈半透明状，造型生动、形象逼真。坚实细密的牛角质地、柔润光滑的色泽、精美的浮雕，无不显示着它的珍贵。

巩义市博物馆的精美艺术品，承载着河洛古人的智慧与创造力，凝结着河洛大地的灿烂文化。但是琳琅满目的藏品，我们仅凭教材不能详观全貌，不能尽享其美，如有机会到巩义市博物馆参观实物，必将会有大不一样的体验和认识。

【达标检测】

1. 结合巩义市博物馆的艺术精品，谈谈古代的工匠精神及其教育意义。
2. 举出自己最感兴趣的一件文物，分析其中的艺术表现力和文化价值。
3. 尝试创作一件工艺品，画出器物形制或者纹样。

第四章 洛汭古建艺术

【学习目标】

了解巩义古代建筑不同的艺术特色和时代特点。

【思政要点】

从政治角度看皇家陵墓修建压迫劳动人民的残酷手段。

【知识拓展】

微信扫描二维码获取

在嵩山与邙山的守护中，在黄河与洛水的滋养下，河洛文化核心区的巩义市大地上撒满了古建筑明珠（图 4–1），其蕴含的历史文化内涵和透出的独特艺术魅力，形成河洛文化迷人的风采。

图 4–1 巩义市重点名胜古建指示图

第一节 巩义名居——洛汭的骄傲

一、杜甫故里

在洛汭南部巩义市站街镇南瑶湾村，一座黄土丘陵东西横卧，绵亘十几里。从西段尽头的岭下远远看山，3 个山尖从北向南一字排开，轮廓恰似古人书画用的笔架。712 年正月，杜甫就诞生在这座山下的窑洞里。

从杜甫曾祖父赴任巩县县令开始，这里陆续建起宽敞的宅院。宅院背靠笔架山，面临东泗河。向南，有巍峨的青龙山；向北，有宽阔的黄河水；向西，东泗河、西泗河、石河道依次汇入洛水，而洛水，就在宅院西北方附近汇入黄河。

宅院的最东边，笔架山下，坐东朝西 6 孔窑洞顺山势排列，均为砖砌门脸，简约讲究，1300 年来，几经修缮，目前保护完好。中间一孔最大的窑洞，门楣上有郭沫若亲笔题字“杜甫诞生窑”[图 4–2（a）]。窑内高 3 米，宽 2 米，进深 20 米，全包砖券，工艺考究，修砌整齐，两处龛洞应是放置油灯等物件的台面 [图 4–2（b）]。

（a）笔架山下的杜甫诞生窑

（b）杜甫诞生窑内部

图 4–2　杜甫诞生窑

杜甫诞生窑前的宅院不大，环境雅致，是杜甫幼年生活学习的好地方。清净的院子里，也有杜甫儿时嬉戏的乐园。一处群雕再现了幼年杜甫的调皮与活泼（图 4–3），高高的枣树，摇曳着诗人年少时的欢乐时光，使小院的景观更具烟火气息。

在文物保护区，院门外立有一座清乾隆年间所建的杜甫纪念碑（图 4–4），石碑镌刻楷书“唐工部杜甫故里”；碑楼是一座窄小的硬山式建筑，楼门为开敞拱券形，门券两旁有齐高的瓦棱，像两根支柱，给人以稳定的视觉美；券拱两边雕有两朵祥云，带有质朴的装饰感；垂脊屋顶，黛瓦排列工整，正脊侧面有横排砖雕，两边螭吻牢牢守护着碑楼，既小巧玲珑，也不失龙头的威严；石碑有碑楼稳稳地罩着，近 300 年保存完好。

1962 年，杜甫被列为世界文化名人。为了使更多人了解杜甫，了解伟大诗人卓越的诗歌成就和高尚的人格情操，2007 年，杜甫诞生窑获批成为河南省重点文物保护单位（图 4–5）。

图 4–3　杜甫幼年生活情景再现

图 4–4　清代纪念碑楼

图 4–5　杜甫故里文物保护区

巩义市政府按照国家标准倾力打造杜甫故里景区，向人们展示伟大诗人杜甫的文化发展历程和文化成就，保护杜甫的出生地，抒发杜甫家乡的荣誉感和骄傲。杜甫故里的修建，主要规划为两部分，一是文化展示区，二是文物保护区。一条笔直宽阔的大路，形成中轴线，将文化展示区和文物保护区串联起来（图 4–6）。

杜甫故里景区建筑仿唐代风格，大门（图 4–7）采用庑殿顶建筑样式，屋脊两头鸱吻相对，房屋以木质结构为主，斗拱交错；褐红色的墙面和椽头，配以白色的墙肩装饰，古朴中透出明快；灰色的顶瓦协调素雅，黑底烫金字的匾牌稳重大气。

图 4–6　杜甫故里景区俯视图

图 4–7　杜甫故里仿唐建筑大门

走进大门，大路两翼是文化专区。宽大的四合院有多座仿唐式建筑（图 4–8），房屋高低错落，起伏有致，整齐而不呆板，精致而不纤小，重现大唐建筑的严整和疏朗。

顺中轴路向里走，大路中央耸立着中年杜甫的大型石雕像。石像宏伟、壮观、传神。杜甫坚毅的脸庞，凝重的目光，再现了伟大爱国主义诗人忧国忧民的情怀和不畏权贵的高尚人格。在杜甫像面前，是一本打开的巨型书本，虽是石雕，却感觉到纸张的柔软。厚厚的书本，象征着杜甫一生为民呼号、笔耕不辍的诗歌创作（图 4–9），凝聚着杜诗里唐代由盛到衰的历史波澜。

图 4–8　杜甫故里文化展示区

图 4–9　杜甫石雕立像

图 4–10　杜甫汉白玉石雕坐像

顺大路继续向东，过桥便是杜甫纪念堂。进门迎面一尊老年杜甫的汉白玉石雕坐像（图 4–10），凝聚了杜甫坎坷而执着的一生；稳坐的姿态，气定神威的面容，诉说着杜甫对虞诈的官场和腐臭的朱门酒肉的蔑视；眉宇间，流露出对民间疾苦的同情；嘴角处，透射出敢于为民大声疾呼的勇气。

在杜甫生平展厅［图 4–11（a）］，陈列着诗人童年的幸福和聪慧、少年的淘气与好学、青年的广游与交友、中年的困守和流离、老年的漂泊与隐居。展厅里用文字、插图、情景再现［图 4–11（b）］展出了杜甫一生的重要节点，诉说着矢志不渝的爱国诗人豪情满怀却报国无门的无奈，诉说着杜甫对战乱的厌恶，对百姓疾苦的同情，对亲人的思念，对国家命运的悲叹。

杜甫故里的唐式仿古建筑，沉稳而低调。屋檐下的额枋，用红木拼成的“美”字（图

4–12），蕴含着杜甫“子美”的字号。艺术字间隔在每个柱头中间，巧妙美观，独特别致。

（a）杜甫生平展厅

（b）“月是故乡明”情景再现

图 4–11 杜甫生平展厅及情景再现

图 4–12 杜甫故里屋檐下的“美”字

二、康百万庄园

康百万庄园又名河洛康家，位于巩义市西北 2 公里的康店镇康店村，始建于明代，是闻名全国的三大庄园之一，现为全国重点文物保护单位［图 4–13（a）］。

康氏家族居住在河洛文化发源地，尊奉中华优秀传统文化。经过长时间的积累和沉淀，康氏家族形成了独特的传家文化，成为豫商精神的杰出代表［图 4–13（b）］。

（a）全国重点文物保护单位标志

（b）豫商家园石刻

图 4–13 康百万庄园外景

（一）康百万庄园的建筑规模

康百万庄园规模宏大，背伏邙山，从山顶层层而下，伸向洛河方向，远远看去，似“金龟探水”（图 4–14），很有特色。

图 4–14 康百万庄园如金龟探水

康百万庄园是一个功能齐全、布局严谨、等级森严的大型堡垒式庄园，占地面积 240 多亩，共由 19 个部分组成。目前保留下来的有主宅区、南大院、栈房区、作坊区、康氏家祠等 10 部分，有 33 个庭院、53 座楼房、73 孔窑洞，共 1300 多间房舍，建筑面积 64300 平方米。庭院建筑依山形成多层次，具有河洛地区两进式四合院兼具园林艺术和城堡式艺术特色。

栈房区为康家的商业中心，集仓库、办公、生意交往为一体；南大院是当年康家一个官院，用于接待三品以上达官贵人；洛河畔的集贤庄是当年康家接待南来北往文人墨客的地方。康家还有自己的祠堂、戏楼、花园区、菜园区、林场、木材厂、造船厂、砖瓦厂、饲养区、遛马场等，功能齐全的康百万庄园相当于一个自给自足、自产自销的小型社会，康家人足不出户便可满足一切生活所需。

（二）康百万庄园的起家文化

康家祖先在明朝洪武年间从山西移民至巩义，落脚之处土地贫瘠，为了生存立身，先在洛河岸边开饭馆。由于善经营，小饭馆后来升级成为河洛一带知名的客栈，人们称客栈所在地为“康家店”。康氏家族六世祖康邵敬，读书为仕，官商共进，庄园不断扩建，靠山筑窑洞，临街盖楼房，濒河设码头，利用近临黄河、洛河的有利条件，做起了漕运物流生意。一代又一代，康家生意规模逐渐扩大。康家十四祖康应魁时期，生意进入了鼎盛，土地商铺遍布陕西、河南、山东三省八县，生意做到哪里，就在哪里置房买地，民间称其“头枕泾阳、西安，脚踏临沂、济南，马跑千里不吃别家草，人行千里还在康家田”。康家商贸与生产相辅相成，庄园经营项目应有尽有，砖瓦厂、木材厂、造船厂、酿酒作坊人来人往，热闹非凡，被称为“中原活财神”。康家上自六世祖康绍敬，下至十八世康庭兰，一直富裕了十二代，跨越了明、清和民国400多年，到了民国中期才逐渐衰落。

图4–15　康家为慈禧修建的龙窑

康百万名称的来源，一是因为清代中期康应魁两次悬挂“良田千亩”的金字招牌，被人称作是百万富翁。二是因为1901年慈禧太后逃难从西安回驾北京时，路过巩县，被誉为“豫商第一人”的康家大掌柜康鸿猷花了近100万两银子修建黑石关、道路、行宫，替县衙隆重接待慈禧太后。行宫按照慈禧在北京的宫殿建筑样式建成了微型版龙窑（图4–15）。临走时，河洛康家又向朝廷捐助白银100万两。慈禧高兴地说：“没承想，这山沟沟里还有个康百万富翁！”并随后赠送了“神州富甲”牌匾。从此，“康百万”成了河洛康家的另一个响亮名字。

（三）康百万庄园的传家文化

图4–16　康百万庄园的《留余》匾

在康百万庄园主宅区过厅，悬挂着一块《留余》匾（图4–16）。标题“留余”二字为篆书，正文为流畅美观的行楷，这是康家女婿、武状元牛凤山的儿子、清朝文进士牛思瑄所写。匾的造型非常奇特，外观像一部翻开的书，又像是一面招展的旗，意为“上留天，下留地”。“上留天”指致富不忘报效朝廷和国家；“下留地”指发家不忘救济贫众灾民。

匾文为康氏家族的传世家训，借用南宋留耕道人王伯大的《四留铭》为家训的主要内容：“留有余，不尽之巧以还造化；留有余，不尽之禄以还朝廷；留有余，不尽之财以还百姓；留有余，不尽之福以还子孙。”家训要求康氏子孙要以德经商，“崇公”“崇德”“崇信”“崇义”，从政要慎独、慎微、严于律己，为人处世要尊奉端洁退让、留余忌尽，不可穷尽一切利益归己所有，“临事让人一步，自有余地；临财放宽一分，自有余味”。

康家祖上把古人的留余思想作为建立人与人之间和谐关系的金钥匙，是河洛康家辉煌兴盛十二代的法宝，成为修身齐家的名片，也影响了一代代的巩义人。

康家恪守家训，知行合一。相传，开创康家鼎盛局面的康应魁，做事低调，素来节俭。75 岁生日时，他决定高调大摆寿宴，并特意通知欠债的人一定到场。乡亲们认为，人生七十古来稀，75 岁高寿的康应魁想必是要清账了。谁知酒过三巡之后，康应魁让管家拿出欠账簿，一一宣读借债人的姓名、借债的数目和日期，等大家确认之后，康应魁当场烧掉了全部欠账单，他用一把火烧出了“留余”的道理。之后，康应魁之子康道平主家时，将侄女婿牛思瑄所书“留余”家训制作成匾牌——留余匾，以此告诫康家人：钱财乃身外之物，为人做事切记要留余忌尽。

图 4–17 房屋柱子上的楹联

康百万庄园大部分房屋柱子上都有楹联（图 4–17），治家题记意义深远，昭示着康家“敦崇信义”的人格教育和经商箴言，潜移默化影响和教育后代要磨砺成才。

算盘，是我国古代一种主要的计算工具，也是管理财政的权力象征。康百万庄园钱庄门头上方屋檐之下镶嵌着一架长 9. 99 米、有 99 根柱子的巨型木雕算盘（图 4–18）。在我国的数字文化中，9 的寓意是“最大”，内含生意兴隆和无限循环的期望。算盘珠子一上一下，一进一退，都显示着金钱的增减盈亏，利益归向。算盘正中的屋檐之上，雕刻着一朵盛开的莲花，似扎根在算盘之中，意旨深远。手操算盘之人，身临重要岗位，手执重要账目，身负重要职责，若没有莲花似的清心廉洁，便难以在这金山银海中长久立身。因此，康家要求账房先生面对算盘，手指绕珠，必须要有莲花的高尚品质，忠诚老实，时时对照，事事检点，化“莲”为“廉”，出“淤”而“洁”。

图 4–18 屋檐上下的砖雕莲花和巨型木雕算盘

在康家，算盘不仅是账目往来的工具和廉洁的昭示，还充满了河洛根源文化。八角形算盘［图 4–19（a）］集合了太极八卦的原理，强调“你中有我，我中有你，互利共赢”的合作理念；圆形和矩形的大算盘［图 4–19（b）］，几个人同时使用，既方便核对，提高效率，又互相监督，互相制约，凸显五行相生相克的道理。

河洛康家正是因为有着“赚利送余”的朴素辩证法，有着严格的家规祖训，才打破了“富不过三代”的一般规律，形成了十二代久盛不衰的商业帝国，创立了典型的“豫商”文化思想，影响着河洛地区乃至全国的商业文化理念。

（a）八角形太极算盘

（b）矩形、圆形和异形算盘

图 4–19 康家的算盘

（四）康百万庄园的建筑雕刻艺术

康百万庄园建筑艺术是17、18世纪我国堡垒式建筑的代表（图4–20），既保留了黄土高原民居和北方四合院的形式，又吸收了官府、园林和军事堡垒的特点。庄园建筑依山就势，高低错落，古朴典雅，充满明清时期北方建筑的大气和稳重。房屋多为硬山式，青瓦高墙，飞檐翘角，是中原古代建筑艺术的典范。我国著名建筑专家李传泽称该庄园是“全国硬山式建筑中最完整、最典型的代表”。

清一色的灰砖瓦，层层叠叠的院中院，都体现了洛汭大地上这个商业帝国曾经的辉煌（图4–21）。

图4–20　康百万庄园堡垒式建筑

（a）清一色的灰砖灰瓦

（b）院落层层叠叠

图4–21　康百万庄园院落

房屋山墙檐下有白色线条绘成的“山花”，简洁明快［图4–22（a）］，犹如康家的标志。房屋地基高抬，形成环境优美的天井式院落［图4–22（b）］。屋檐、廊柱修建讲究，工整硬朗。

康家大门外是一片宽阔的广场，广场北侧立着一座高高的王氏贞节牌坊（图4–23）。康家十五代康道兴自小喜好武术，曾在开封参加过武科乡试，但英年早逝。其妻王氏出身洛阳名门望族，为逝去的丈夫保守贞节三十余年。康道平将长子康无晏过继王氏为养子，康无晏在王氏的精心教育下成为一位出色人才。第十七代庄园主康建壁为纪念祖母王氏的贞德，特向朝廷申立牌坊，一直保留至今。

（a）白色的“山花”

（b）天井式院落

图4–22　山墙纹饰及天井

图4–23　王氏贞节牌坊

牌坊正面石刻对联借用古代节孝妇女来称赞王氏的节操，并希望王氏的美德能与黄河、泰山一样长存于世。康家世代家庭和睦，人才辈出，与家族里这些明达、智慧女性的付出是分不开的！

全坊为青石雕成，顶部石檐挑角，脊正中雕雄狮，两端雕龙头吻，下部四柱均饰以蹲狮、立狮、人骑狮、镇守将军，使牌坊更显八面威风。门两侧石柱上端各雕刻日、月及飞翔的双凤图案。牌坊中部三层分别雕刻的荷花、菊花、二十四孝图、渔樵耕读、凤凰牡丹、双龙戏凤、仙鹤等浮雕图案栩栩如生，成为石雕珍品。每个基座四面则雕刻有陶渊明爱菊、周敦颐爱莲、王羲之爱鹅、林和靖爱梅的“四爱”图，既表现了对王氏志洁行端的称赞，又表达了后人希望王氏能百世流芳的美好愿望。

康百万庄园的石雕、砖雕、木雕都有极高的水准。建筑物上自房顶屋瓦，下至门窗柱础，雕刻饰件采用了浮雕、圆雕、透雕等不同工艺手法，设计新颖，风格各异。柱础的石雕狮子活灵活现［图 4–24（a）］，墙壁上精美的砖雕图案秀雅工细［图 4–24（b）］；屋檐下的木雕组图精致鲜明（图 4–25）。

（a）活灵活现的石雕柱础

（b）秀雅的砖雕墙饰

图 4–24　康百万庄园的石雕和砖雕

图 4–25　屋檐下的木雕组图

客房门前的一对石豆（图 4–26），既是消防盛水用的器物，又可水养睡莲，石豆内壁刻有斜竖纹，外壁浮雕缠枝花叶，雅致讲究，处处显示着河洛康家的精致和细心。

顺着唯一的通道一路上坡，便是第二层主宅区。迎面的影壁墙（图 4–27）引人注目，150 块青砖拼接出一幅福禄寿喜图。雕刻的人物、飞禽动态各异，不老松古藤老枝，蕴含着康家历久弥新的红运。

图 4–26　精致的客房小院和石雕花盆兼消防盛水器

图 4–27　影壁墙大型砖雕艺术与叶氏水井

影壁墙前这口古老的辘轳井，叫“叶氏井”。在康家大院，怎么会有叶家的井在此？清朝前期，这片地方还是叶家的宅院，后来因遭水灾，叶家移居他乡，康家准备买下这块地，但是叶家坚持卖地不卖井。按照当时的情况，康家的财势远远超过叶家，但是康家并没有仗势而逼迫叶家，也没有因此而折扣压价，而是商量不成后一笑了之。所以，这口在康百万庄园里的水井，至今仍然姓叶，却也承载着康家的厚道。

（a）账房木隔子柜台

（b）木隔雕刻

图 4–28　康百万庄园的账房

康百万庄园生意兴隆，规模宏大，货款来往有专门的账房。账房一进门便是一排整齐的木隔子柜台。柜台的小窗口设置“出银”“结算”“入银”“校正”4 个窗口，分区明确，导引清晰［图 4–28（a）］。

雕刻精致讲究，端正大气，浮雕、角刻带有河洛地区特有的“富贵不断头”和“蝙蝠”纹饰［图 4–28（b）］，显示了河洛康家的美好愿望。

康百万庄园的地下金库，设计得较为隐蔽。临近账房的另一处小院，有一间普通的屋子，外观与其他建筑基本无异，进门左手有一个供专人出入的门洞［图 4–29（a）］，不下到银库，根本不知道这是一个通向金山银海的通道。金库门洞低矮窄小，台阶高陡［图 4–29（b）］。

地下金库犹如地道，弯弯曲曲，室室相连［图 4–29（c）］。每个房间都存放着流通的货币，从大小不一的金、银元宝，到碎银、制钱，整齐地码在木架上［图 4–29（d）］。

最后的一间库房，有个方形墙洞［图 4–29（e）］，连通着院子台阶侧面一个很不显眼的洞口［图 4–29（f）］，康家人称为“宝音洞”。在没有电话的古代，比较封闭的地下室，就是靠这个通道与上面的人传递信息，这在当时也是一个别出心裁、新颖奇特的设计。

（a）地下金库门洞

（b）地下金库窄而陡的台阶

（c）房间连着房间

（d）金库的流通货币

（e）金库地下传唤口

（f）金库地上传唤口

图 4–29　康百万庄园的地下金库

康家家大业大，粮食丰足，加上生意兴隆，迎来送往，需要建立自家酒坊以自给自足［图4–30（a）］。

清光绪年间，康家堂亲康鲜从山西来到河洛康家，专门负责烧酒［图4–30（b）］。康鲜从高粱、玉米、小麦中挑选颗粒饱满的上等粮食，加深井之水，将蒸熟的粮食拌上独特陈曲，发酵过程严格掌控温度、湿度、时间，经二次烧蒸，聚拢蒸汽，由气体变为液体，收集至大缸内［图4–30（c）］，巧用窑洞发酵酿藏，创造缸内发酵的清香型和窖池发酵的浓香型两种酿酒工艺。从此，康家酒远近闻名，这一带的人们以喝过康家酒而自豪。清光绪二十七年（1901年）秋，康家酒成为接驾慈禧太后和光绪皇帝的专用酒，受到帝王的品尝，更增添了荣耀之气。

如今，第四代传承人孟宪利，从奶奶王待见手里接过祖传酿酒秘方，守正创新，充分利用巩义窑洞冬暖夏凉、清湿润泽的特点，借助山体建成大规模的U形藏酒窑洞［图4–30（d）］，上千斤的老坛酒依窑洞两旁一字排开［图4–30（e）］，犹如士兵守卫着百年传承。孟宪利创造了全国独一无二的“石灰注水控温法”［图4–30（f）］，成为国家一级酿酒师、郑州市非遗代表性传承人［图4–30（g）］，使康家酿酒技艺发扬光大。

（a）康百万酒坊

（b）康家第一代酿酒师和最早的酒坊画像

（c）康家的旧酒缸

（d）借助山体建U形酒窑

（e）千斤老坛酒

（f）石灰注水控温法

（g）第四代传承人、国家一级酿酒师孟宪利

图4–30 康家的酒业传承

图 4–31　金丝楠木顶子床

康家保存下来最精美的一张顶子床，由 10 个能工巧匠用了将近 5 年时间做成。顶子床用金丝楠木雕刻，采用了浮雕、圆雕、透雕、镂空雕等多种手法，精致细腻，叙事丰富，寓意深刻，是木雕的杰出代表（图 4–31）。

竹节形的床柱雕刻，象征竹报平安节节高；中间雕刻有福禄寿三星，象征“三星高照，福寿安康”；最上面一层有一官员骑着高头大马，两边有整齐的仪仗队，象征青云直上；第二层雕刻春、夏、秋、冬，象征四季平安；第三层雕刻礼让、课读、对弈等人物故事，表现康家对礼仪、教育的重视；下面雕刻有小孩戏金鸡、麒麟送子图，蕴含着“吉祥如意”“多子多福”。

这张床的另外一个精妙之处，是可以自由拆卸。它由 37 个部件组成，通体没有用一颗钉子，完全是榫卯结构，工艺精湛奇巧，令人叹为观止。

图 4–32　门枕石

康百万庄园内有一对门枕石（图 4–32），浮雕、圆雕、透雕手法多样，雕工精湛，构图新颖，人物、动物形象生动逼真，情景交融，是康百万庄园石雕艺术的代表作品。门枕石选用整块青石，上下分三层雕刻而成。最下层雕刻有传统图案 “凤凰牡丹”，寓意荣华富贵；“麒麟送子”，以示子孙昌盛。第二层选二十四孝的故事，雕刻得活灵活现，生动传人。最顶层雕刻一头卧狮，寓意“事事如意，官上加官”。门枕石以其精细的雕刻工艺和深刻的文化内涵被定为国家一级文物。

此外，庄园里还保存有碑刻、牌匾、家具、古玩、书画、器皿、衣帽等历史文物 3000 余件，对于研究明清文化、民间风俗、古代建筑等都具有极高的价值。

三、张祜庄园的文化艺术特色

张祜庄园位于巩义市东 30 公里的新中镇新中村琉璃庙沟，始建于清末，大部分建于民国，有 13 处院落、80 多间楼房、30 多孔窑洞［图 4–33（a）］，现为全国重点文物保护单位［图 4–33（b）］。

（a）

（b）

图 4–33　张祜庄园全景（a）及石碑（b）

（一）张祜庄园的建筑艺术

图 4–34　庄园依山而建错落有致

张祜庄园临山开凿窑洞，窑旁楼房依山而建，错落有致（图 4–34），多为 3 层，楼阁、窑洞、台阶相连相通，布局紧凑，构思精巧。中西风格兼备，独特别致。每栋房子悬檐立栋，迂回盘旋，镌刻雕饰精美，颇具匠心。庄园周围绿树环绕，炊烟袅袅，清净雅致，营造出一派山间古堡的景象。看得出来，庄园的选址、构思、设计，费了不少心思。

庄园主体建筑为“砖木结构歇山角，筒瓦盖顶马鞍脊”（图 4–35）。屋顶峻拔陡峭，四角轻盈翘起，既有庑殿建筑雄浑的气势，又显攒尖建筑的玲珑精巧。山墙顶脊用筒瓦起脊，上压龙形脊，龙头昂起，龙身随房脊上弓，呈现出欲将腾飞状，龙身下用扣瓦似现龙鳞。瓦当排列出的屋檐如珠玑点缀，整齐美观。整个建筑彰显古代工匠高超的技艺，令人赞叹！

中间楼房前墙后壁都有门窗，房与房之间以走廊连接（图 4–36），东、西、南、北四面畅通，出行非常方便。

图 4–35　马鞍形房脊

图 4–36　连廊式过道

庭院内青砖砌筑月亮门、悬山门楼、筒瓦盖带等建筑装饰独具特色（图 4–37）。楼房为两层，相对而建，整齐对称。走廊宽阔，层层相通，迂回曲转，幽邃莫测。方形青石柱和柱础石雕古色古香，庄重大气（图 4–38）。

图 4–37　月亮门套院

图 4–38　整齐对称的两列排楼

庄园的主建筑围墙融合了东西方设计元素，石头砌成的墙体敦厚结实，形如房子的墙垛（图 4–39）稠密分布，每个墙垛都有前后通透可供瞭望的方形孔，具有浓郁的欧洲罗马式建筑风格。

图 4–39　形如房子的墙垛

（二）张祜庄园的红色文化

抗日战争时期，庄园主张诰在中国共产党的抗日民族统一战线政策的感召下，积极支持抗战，张祜庄园成为八路军机构和领导的办公地（图 4–40）。

1944 年 4 月，日本侵略者向河南发动进攻。一二九师师长刘伯承和政委邓小平在太行山发出命令，以皮定均为司令员、徐子荣为政委的八路军豫西抗日先遣支队，深入豫西敌后开展游击战，创建豫西抗日根据地。豫西抗日独立支队三团司令部和八路军豫西行政公署就设在张祜庄园（图 4–41）。

图 4–40　张祜庄园红色旧址说明

图 4–41　八路军豫西行政公署

图 4–42　豫西抗日纪念馆

当时，皮定均急需财物支援，担任保长的庄主张诰带头捐献钱粮、棉衣等。1945 年初，张诰动员三儿子张经良加入皮定均部队，后来张经良在一次围歼战斗中不幸牺牲。

张祜庄园的红色文化特征，成为巩义市革命历史教育的素材（图 4–42）。

四、刘振华庄园的建筑风格

刘振华庄园位于巩义市东北 17 公里的河洛镇神北村，为全国文物保护单位（图 4–43）。

刘振华，巩义市人，出生在清朝末年大户人家，在学堂专门学习法政，毕业后参加武装部队，后任地方官员。民国时期，刘振华一直在豫西、陕西、安徽等地任国民党要职，官至陕西省省长、安徽省主席。其弟刘茂恩，历任国民党军队高官和河南省主席。

刘振华庄园的布局样式独特，窑洞、房屋的河洛古民宅风格与民国时期办公楼的建筑风格融为一体，巧妙美观，庄园依神尾山而建，坐北朝南，有 6 个院落、石砌窑洞 30 孔、楼房 210 间。庄园大门较为低调，进门一条主路将庄园一分为二，成为一半办公、一半住宅的官民建筑结合样式（图 4–44）。

图 4–43　刘振华庄园石碑

图 4–44　刘振华庄园全景

路南为“刘家花园”（图 4–45），花园中有一座 3 层楼房，是刘振华办公的地方，名曰“仿重庆大厦”。办公楼青石地基，青砖砌墙，两边比中间低一层，小青瓦覆顶，楼中间部分突出，四棱形，平顶，地上 3 层，地下室 1 层，共 72 间，全为砖木结构，是一座模仿当时重庆大厦的中西结合、古今兼具的办公楼。

图 4–45　刘振华办公的“刘家花园”

路北是主宅区（图 4–46），寨墙高筑，多为窑洞，既有河洛丘陵地区的三进式院落样式，又有很浓的城堡味道。主宅北侧，有一条上山小路，可直达 3 层和山顶，这是刘振华练兵场的通道。

通道设计科学合理，靠右侧是砖铺台阶，供人上下；靠左侧是水泥铺成的斜坡（图 4–47），中间略凹，既可排水，又可走车，紧急情况下也可大步流星跑下山。

图 4–46　刘振华庄园主宅区

图 4–47　刘振华庄园山顶军营士兵训练道

刘振华是民国时期的大官僚、大军阀，家里安防设施修建得非常隐秘。看似不起眼的小屋，就是一处瞭望哨（图 4–48）；外面很难发现的墙洞，就是一孔枪眼。

在庄园一处安静偏僻的角落，曾经是守军吃饭的食堂（图 4–49）。小屋旁边的后门，通向村中，方便出入采购食材。门外有一处岗哨，监视盘查往来人等，可见刘振华庄园固若金汤的安防设施。

图 4–48　不起眼的小屋就是一处瞭望哨

图 4–49　守军吃饭的食堂

五、牛状元府

牛状元府位于巩义市大峪沟镇官殿村东南方的一个半山腰上，门口立着两座石碑：清嘉庆皇帝的御赐碑和 2009 年郑州市文物保护单位石碑（图 4–50）。2021 年，牛状元府被定为河南省重点文物保护单位。

在清朝的科举考试中，偏僻的小山村里，曾经出过武状元牛凤山和文进士牛思瑄，父子两人先后得到皇帝的传胪嘉奖，使牛氏家族获得了莫大的荣耀和富贵，也使踞于山坳里的简陋窑院逐渐成为赫赫有名的状元府。

牛家宅院建在海拔 450 多米的山岭高地上，依山就势，高低错落，坐北朝南，阳光充足。当年的状元府原有窑洞 41 孔、房屋 30 余间，经历了近 200 年的风雨沧桑，虽已破败，依然能看出当年的气势和辉煌（图 4–51）。

图 4–50　牛状元府的两座石碑

图 4–51　牛状元府主宅院

牛状元府的地理位置，被当地百姓称为“风水宝地”。房前屋后都有着许多有趣的故事。

状元府所在之地叫明月坡，背后的山顶，酷似一只展翅欲飞的凤凰（图 4–52），因此人们给整个山头取名为凤翅城。之所以叫“城”，是因为山顶上有一条东西交通要道，这是郑汴直达洛阳的官道，常有官府、百姓、商贾通过。官道路边有不少驿站酒馆，称为官店，后来形成自然村庄，因建有慈禧太后从西安回驾北京的行宫，叫作官殿村。

从山下通向凤翅城，有一条陡峭蜿蜒小路，路上背东西的、挑担子的，走到半坡就筋疲力竭，气喘吁吁，汗流浃背，累得大眼瞪小眼，因而把这个半坡戏称为“瞪眼坡”。牛凤山中状元后，家人们感到瞪眼坡不好听，其长兄牛林山提议改名为“明月坡”，并于道光十八年（1838 年）十二月刻立“改换地名碑”，将日、月二字刻在碑上方，意为此地有日月之明，如日月之恒（图 4–53）。石碑因年代太久，字迹已模糊，凑近前才能看清。

图 4–52　山形恰似展翅欲飞的凤凰

图 4–53　明月坡改换地名碑

明月坡山坳依山面水，后山呈半圆形环绕状元府，四周风景优美。山中林木繁茂，郁郁葱葱，府前小河蜿蜒东下。出门南望，有两个山头对峙，名曰二龙山，两道山峰向东西两边延伸，越来越细，中间恰有一圆形土包，像极了“二龙戏珠”（图 4–54）。

图 4–54　状元府前对面远山犹如“二龙戏珠”

府院西边不远处，一座红崖石壁上，巍然屹立一石柱，高六七米，顶端平展呈椅子状，后有靠背，两边似有扶手，酷似“太师椅”（图 4–55）。明月坡钟灵毓秀，地貌奇特，能引起联想的地形还有很多，如“二龟把门”“马蹄石”“鲤鱼跳龙门”等。

图 4–55　酷似太师椅的奇山

牛氏宗祠设在主宅区东边山下的窑洞内，门外窑脸［图 4–56（a）］用石头砌成。窑洞两边墙壁上嵌挂着从始祖以来颇有成就的祖先画像［图 4–56（b）］，记录着牛氏家族的荣耀。青石上刻有族谱。窑洞深处，供奉着始祖排位，台上香炉用石头做成，正面浅浅刻有太极图［图 4–56（c）］。

（a）牛氏祠堂窑脸

（b）祠堂窑内

（c）供香石炉正面的太极图

图 4–56　牛氏宗祠

虽然牛状元府的院门已经摇摇欲坠［图 4–57（a）］，但是转到门里面，看那两边墙上圆圆的插门闩的石洞［图 4–57（b）］，仍然透射出当年的壁垒森严。

（a）摇摇欲坠的院门

（b）院门坚固的门闩石洞

图 4–57　牛状元府的院门及门闩石洞

状元府院落有四处，以“中院”为中心，偏东靠高处的院落为“东院”，在下边的院落为“下院”，向西百余米的院落为“西院”。共计窑洞 40 余孔、房 30 余间，面积 2600 余平方米。东院向东约 150 多米处有一闲院，坐北向南，土窑两孔，院的面积 200 多平方米，称为“武学院”［图 4–58（a）］，是专门习武练功的地方。武学院背依郁郁青山，面临潺潺河水，牛凤山就是在这里练就了一身娴熟武功。几百年过去了，武学院现已失去原来的功能和样貌。但是，武状元的练功石仍然还在。这块掷石为红石［图 4–58（b）］，重 200 斤，高 60 厘米、宽 36 厘米、厚 26 厘米，两侧有对称石窝，是牛状元刻苦锻炼、臂力过人的历史见证，现存于牛氏宗祠。

（a）

（b）

图 4–58　牛状元当年练功窑院（a）及练功石（b）

牛氏家族不仅重武，亦重文。状元府的私塾，坐落在主宅区的西南角［图 4–59（a）］，窗外就是青山绿水，光线明亮，空气流畅。小院虽已破败，但是小巧玲珑。圆圆的月亮门，方方的后窗，依稀透出雅致的氛围，极易使人想象出 200 年前府院里的孩子们读书的快乐时光［图 4–59（b）］。

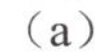

（a）

（b）

图 4–59　牛状元府的私塾（a）及其月亮门和后窗（b）

清代中叶以后，朝政腐败，世局动乱不堪。咸丰年间，牛凤山为让后世子孙有一个潜心学习的宁静之所，于是遍历嵩岳，最后选中状元府向东南 15 公里的嵩山深处。他命人在一片危岫插空的山间，随山取势，垒寨墙修碉堡，筑窑洞建房屋，打造了一座海拔 793 米的城堡式学习场所。因山形恰如将军帽，故名“将军寨”（图 4–60）。

将军寨周长 365 米，有东、西、南 3 个寨门。东寨门上方，青石门额镌刻“将军寨”3 个大字，两边各有一行竖刻小字“咸丰十一年建”“癸巳状元牛凤山识”；西寨门已毁，隐留遗迹；东寨墙建有 4 个堡垒。寨内有 3 个水囤，有石磨、石碾，房屋遗址 19 间、窑洞 14 孔。寨内有一院落乃牛凤山状元的居所，其长子牛思瑄曾在此读书深造后中进士得传胪。将军寨地处嵩山之阴，这里气候温润，云雾苍茫，树竹葱郁，山峦叠秀，飞瀑流泉，鸟语花香，巍峨庄严的将军寨矗立在这青山翠峰中，成为一处独特优美的自然和人文景观。

图 4–60　牛状元府的将军寨

牛状元府背后的护山坡上，长着一棵 600 年的老槐树（图 4–61）。虽主干中空枯朽，部分老枝早已脱落，但是，有一枝粗大的树干依然生机勃勃。冬天落叶，春天发芽，夏季苍翠，秋天泛金。巍峨矗立在府院背后高处的老槐树，像一尊守护神，忠实地守护着明月坡，人称“护府槐”。

图 4–61　老古槐的冬夏身姿

很可惜，2021 年，一场千年不遇的暴雨使明月坡多处山体滑坡，老槐树的一枝树干随着泥石流滚落山下，而另一枝干虽顽强地留在山上，位置移动了不少，不久后死去，结束了它守护牛府的百年使命，令人扼腕叹息（图 4–62）。

图 4–62　老槐树一枝随着泥石流滚落山下，另一枝留在山上也已死去

六、海上桥古村落

巩义市东部大峪沟镇，有一座高山环绕的古朴村落——海上桥，它起源于明万历年间，至今已经 400 多年的历史。

这个面积 4. 8 平方公里的古村落，2016 年被公布为河南省第七批文物保护单位，2019 年入选中国传统村落名录，2020 年被评为河南省乡村旅游特色村，列入郑州市美丽乡村项目，2021 年被选为郑州市美丽乡村精品村、河南省文化产业特色乡村，入选第三批全国乡村旅游重点村（图 4–63）。

图 4–63　村口的石碑

古村落的村名和古时这里的一处泉眼有关，据村内古碑记载：河谷中曾有一眼翻花泉，终年不涸。据海上桥的老人口口相传，当年

泉眼里冒出的水经常带出来贝壳、海蚌，这些东西只有大海里才会有，村里人认为泉水和大海相通，所以叫“海眼”。海眼涌出的泉水汇聚成一汪碧潭，人们搭桥过往，因而得名“海上桥村”。很可惜，400 多年过去了，泉水早已干涸。

海上桥依山而建、高低错落的古村落［图 4–64（a）］，道路弯弯曲曲四通八达，与石子路、石台阶相得益彰［图 4–64（b）］。村落色调古朴，庄重大气，是一处独具韵味的古代民居群落。

（a）依山而建的古村落

（b）随处可见的石子路、石台阶

图 4–64　海上桥古村落

海上桥的院落带有河洛地区丘陵山坡的特点，有些人家常常依山挖窑洞，左右盖厢房，窑院为纵深“1”字形；也有的顺山一字排开挖几孔窑，使窑院成为横宽“一”字形；还有的借山势三面挖窑洞，窑院接近方形，坐北朝南，缩在山坳里的小院背风、向阳、更加冬暖夏凉（图 4–65）。

图 4–65　形式不同的窑院

海上桥最具代表性的建筑是王氏民居，已有 300 年历史（图 4–66）。据王氏家族口口相传，当时为保房基牢固持久，房主不惜重金，买回煤炭粉碎，与黏土掺和在一起填装地基，行夯打实。所以，几百年来，王氏民居主体建筑纹丝不动。工匠砌砖时，石灰用的是焦头灰，垒砌时，灰浆饱满，灰缝统一；特别是砌瓦时，为保证屋顶质量，主人要求家人一定让工匠们吃好喝好，不得怠慢。开始的时候，工匠每天能砌瓦十行八行，随着要求越来越细，工匠们每天只能砌一两行。工头对主人说：“王掌柜，我们砌的瓦，可以上碾子石磙碾，轧烂一个瓦，我全部返工。”主人还真叫人用石磙碾，果然无一烂瓦。

图 4–66　已有 300 年历史的王氏民居

王氏民居建筑的高标准要求和精湛技艺，体现了河洛地区古民居的“工匠精神”。至今 300 年过去了，王氏民居仍然顶不脱瓦，屋不露雨，成为海上桥古民居的典范。

安装在王氏民居门楼上面漂亮的木雕垂花，是王氏民居的又一特色。木雕分为三层，采用透雕手法，雕刻出栩栩如生的禽鸟、花卉、瑞兽等，显示了王氏家族当年的生活富有和艺术品位。

图 4–67　靠街口的民居常建成“拐弯抹角”避免车轿碰墙

海上桥地方狭窄，居住集中，大户人家乘轿子拐弯时容易碰撞墙角，于是就按轿子最宽处，将墙角垒成斜角以增加通道的宽度，海上桥人称其为“拐弯抹角”（图 4–67）。

这座房子的墙体用土坯砌成，保留着农业社会没有水泥时代的筑墙方法。

古井，是明末清初海上桥全村唯一的吃水井，为了保护这口井不受风沙黄土填埋，村民特地为井盖“房子”，称为“拱”。可惜，由于地下水位的变化，现如今水井已经枯竭，只剩下辘轳还顽强地撑在井口上，等待着相伴多年的老井再次给它欢唱的机会（图 4–68）。

图 4–68　老古井的辘轳还在顽强地撑着

因为海上桥村十分古朴，不断有成群结队的旅游者前来游玩，艺术院校师生前来写生，文学艺术创作者前来采风，获得不少的艺术灵感。

近几年，海上桥村围绕写生艺术村目标，将文化优势、资源优势转化为发展强势，打造出一个集艺术写生、文化旅游、农业生产、休闲娱乐、国学民风教育、农业文旅融合发展的村庄，使海上桥成为既古朴美丽又舒适方便的特色乡村。

2017 年，在大峪沟镇政府的支持下，海上桥村对即将坍塌的房屋进行抢救性保护，先期修缮了 6 处院落。2018 年 12 月，海上桥经济合作社成立，并委派镇政府专人驻村指导，加快了恢复古村落原貌的步伐。海上桥村以市政府拨款、镇政府指导、村委会牵头、村民参与的经济合作社模式，采取“依旧修旧”的原则，使古村落文化得以延续。如今的海上桥村，旧院危房已经不再，古村落的面貌既保留了旧形，又焕然一新（图 4–69），吸引了全国各地的游客前来打卡。

图 4–69　依旧修旧的海上桥村

海上桥村根据需要，在老宅院的基础上，建起了“乡村艺术大学”，开一片艺术园地，让前来写生和采风的师生感觉更温馨（图 4–70）。

图 4–70　海上桥村新建的乡村艺术大学

海上桥村把快要坍塌的古寨门重新修缮一新（图 4–71），恢复了往日一夫当关、万夫莫开的凛然之气。仍然是依山而建，仍然是错落有致，但经过艺术设计和修葺，古窑洞、古房子年轻了许多，也漂亮了许多（图 4–72）。祖先如果能穿越到现在，该满意地笑了。

图 4–71　古寨门修缮一新

图 4–72　石房石阶风姿不改

海上桥村综合文化中心（图 4–73），绿树婆娑，院落宽敞，环境优美。迎面的影壁墙背后，是坐北朝南的上下二进院老窑洞，院落建造工整，修缮精致，既有古朴的韵味，又有现代的洁净美观。左侧是另一个小院，门口两边一对活灵活现的石狮子，蹲在高高的基座上。房子高大，门楼矮小，这是豫西古建筑特色。

新修的亭子（图 4–74）就像一把巨大的伞，下雨天在亭子里观景写生，群山环抱中，烟雨蒙蒙，古村落的柔美映入眼帘，惬意间更能迸发创作灵感；艳阳天在亭子里观景写生，阵阵山风吹来，笑骄阳无奈，赞亭台有爱，亭子下，画笔在手中更加随心而动。

图 4–73　综合文化中心

图 4–74　新修的写生亭

王广亚是海上桥村走出来的教育家，虽常年住在台湾省，但不忘家乡的山山水水，心系祖国的教育发展，在巩义创办高等学府郑州商学院。从此，海上桥村和高等学府有了“亲情”联系。家乡人为缅怀这位教育家和慈善家，将王广亚旧居［图 4–75（a）］修缮一新，门口立起了先生铜像，铜像背后墙面的铜浮雕，记录着老先生奋斗和施善的一生［图 4–75（b）］。

（a）旧居老照片

（b）修缮一新

图 4–75　王广亚旧居

郑州商学院艺术学院的学生，经常在老师的带领下到海上桥村写生（图 4–76）。

（a）学生在海上桥村写生　　（b）学校领导看望写生学生

图 4–76　郑州商学院师生在海上桥村写生

七、窑洞书屋

出自青龙山的后寺河，在巩义东区的丘陵中间穿行而过，蜿蜒向北，注入洛河。市区的这段河，称为石河。河道一侧土岭的窑洞，是曾在此地生活的洛汭人留下的旧居。近些年，巩义市区盖起了高楼大厦，很多窑洞闲置在河边。2019 年 6 月，巩义市园林绿化管理中心与郑州商学院合作，对纳入巩义市石河公园的老窑洞进行改造。郑州商学院艺术学院环境设计教研室主任马前进接受设计任务后，带领武钾赢、任东改、范静静等老师随即开始了窑洞书屋的方案设计（图 4–77）。

经过团队的精心设计，以及施工队的高质量修建，丘陵下的老窑洞摇身变为窑洞书屋，成为河边一道亮丽的风景线（图 4–78）。

图 4–77　马前进教授带领团队讨论设计方案

图 4–78　石河公园一道亮丽的风景线

破旧的窑洞内部经过改造修葺，焕然一新，为喜欢读书的市民、学生营造了一间间温馨静谧的阅览室（图 4–79）。

（a）修葺前后的窑洞

（b）温馨的阅览室

图 4–79　窑洞书屋

黄土丘陵的老窑洞，记录着河洛地区人们居住的面貌，也诉说着过去居住条件的不便和艰苦。随着社会文明的发展进步，人们的生活条件在不断改善和提高，光线昏暗、通风不好的窑洞基本没有人再居住。但是，窑洞文化不能消失，把窑洞保留下来，改造为民俗或者公共艺术设施，是继承和发展河洛文化艺术的好方法。

第二节 陵墓记忆——小地方大人物

宋朝历十八帝，其中北宋九帝葬在巩义，南宋六帝葬在绍兴。北宋皇陵区占地面积 156 平方公里，共 300 余座陵墓，7 位皇帝和赵匡胤的父亲宋宣祖赵弘殷以及祔葬的皇后、宗亲和寇准、包拯等大臣，按宋陵建制下葬，统称“七帝八陵”。另两帝宋徽宗和宋钦宗，被金兵掳走，后死在漠北。后来，金人将二帝的遗物送还，人们在巩义建造了简陋的衣冠冢。具体在哪儿下葬，史籍记载不明，但民间留有记忆。在有关村民的指引下，巩义市文物考古部门做了前期调查，墓穴尚待勘探，如能发掘出实物，那就是“九帝十陵”了。

巩义宋陵南望嵩山，北临黄河，洛水自西向东蜿蜒而来，一片“山高水长”的吉祥之地（图 4–80）。宋朝开国皇帝赵匡胤之所以把陵寝地选在巩义，是因为东有京城开封，西有感情极深、文化影响较大的生长地洛阳，巩义处于两地之间，且有两山护卫、两河相伴，又是黄土丘陵地带，既不干燥，又不潮湿，风水极好。

图 4–80 北宋“七帝八陵”位置分布

1995 年，经国家文物局批准，巩义市将位于市区的永昭陵在原址按原样恢复了地面建筑，成为宋陵中唯一复原外观样貌的皇陵。皇陵前的神道颇有气势，两旁庞大的石雕群令人赞叹，形成一道独特的景观［图 4–81（a）］。巩义市博物馆也在展厅做出缩小版外观模型［图 4–81（b）］，供参观者一睹宋陵当时的建制。宋陵皆坐北朝南，分别由上宫、宫城、地宫、下宫 4 部分组成，周围苍松翠柏，肃穆幽静。

（a）永昭陵神道石雕　　（b）巩义市博物馆永昭陵模型

图 4–81　宋永昭陵

自秦汉以来，皇帝往往刚一登基就开始为自己修造陵墓，许多皇陵要修建几十年才完工。而宋太祖赵匡胤做皇帝时，只是选定巩县为大宋的陵区，除把父亲赵弘殷（后奉谥号“宣祖”）从开封迁葬到巩义的永安陵外，从不提为自己修陵的事。976 年 10 月 20 日夜，49 岁的宋太祖赵匡胤突然驾崩，巩县宋陵不得不仓促开工，修建第一座皇陵——永昌陵。永昌陵建好后，赵匡胤的灵柩从开封被护送到巩县下葬。当时，从京城开封到巩县陵区的路上有 2 万人左右，前面是仪仗队，中间是灵柩，后面是家属，随后是大臣，浩浩荡荡，走了半个月的时间。护送队伍中光拉灵柩的就有 100 多人。送殡队伍到达陵区时，距赵匡胤驾崩正好 7 个月。以后就形成了这种规矩：宋代的皇帝生前都不建陵墓，死后在 7 个月内要把陵墓建好，形成了“七月而葬”的习俗。

从赵匡胤起，北宋皇陵不仅“七月而葬”，而且各皇陵的规模和建制与赵匡胤的永昌陵基本相同。此外还有陪葬皇后陵 22 座、王室子孙墓 144 座、名将勋臣墓 9 座、宗室子孙墓 200 多座、帝系宗亲墓近千座，加之帝陵前面或周围 900 多尊石刻造像，构成了庞大的陵墓群（图 4–82）。

图 4–82　宋陵石刻造像群

北宋皇陵石雕继承了唐、五代的艺术风格，又有宋代石刻艺术的独特之处，在雕刻技法上，浑圆与平直刀法并用，多采用精雕细琢（图 4–83）。

图 4–83　宋陵石刻造像雕刻细腻

在宋陵石像生中，也有外国客使形象（图 4–84），他们来自周边国家，服饰与贡礼各不相同，充分体现了四夷来朝的大宋气派。

宋陵除了众多的圆雕，也有一些技艺高超的浮雕，尤其是瑞禽神鸟，在粗犷的背景上，用细腻的刀法雕刻出展翅欲飞的动态，栩栩如生，活灵活现（图 4–85）。

图 4–84　宋陵客使石像生

图 4–85　宋陵石刻甪端瑞禽

宋陵因只用短短的 7 个月就必须建成，需要大量的人力、物力，为此，在巩县的西南方专门设置一个平安县为修陵准备材料。每次修建陵墓，都从全国各地调来许多能工巧匠。修建过程非常残酷，在建造赵匡胤父亲赵弘殷的永安陵时，仅被石头压死者就达 200 多人。

在采石碑刻中，详细记载了修建大宋第七代皇帝哲宗永泰陵的情况。1100 年初，宋哲宗驾崩，农历二月初十，4600 多人的采石队伍集结后抵达离巩县陵区 30 多公里的栗子山。到五月初十，短短的 3 个月时间里，这些工匠必须完成 27600 块的采石任务。朝廷调集了士兵、民夫 1 万多人运输这些石材，加上 4 万多的修陵工匠，共有 5 万多人被集中到了巩县陵区。为了完成任务，工匠们加班加点，条件艰苦，很多工匠因此累死在了陵区。

北宋皇陵留下了辉煌灿烂的陵墓建筑艺术，也留下了劳工匠人悲惨的血泪史，成为封建统治者压迫劳动人民的历史见证。

第三节　晨钟暮鼓——佛寺生辉

一、石窟寺

图 4–86　石窟寺门前

石窟寺位于巩义市河洛镇寺湾村，建于北魏时期，距今已有 1500 多年历史。1982 年，国务院公布为全国文物保护单位（图 4–86）。

北魏皇室大多笃信佛教，最早在京城山西大同开凿云冈石窟，迁都洛阳后，又开凿龙门石窟。北魏孝文帝太和年间，巩县百姓在邙山尾大力山下的寺湾村一带，修建了三座寺院，一时间信众潮涌，香火鼎盛。僧侣在寺外建造了 200 多米高的“获龙宝塔”，引泉水环绕寺院，成为山清水秀、溪雾岩云的佛教圣境。后来，三座寺院不幸遭到不守寺规、道德败坏之僧的屡次破坏，逐渐衰落。北魏孝文帝获知后，下旨布施，拨款重修，扩大规模，增加僧侣，获得人民的拥护。民间贤士也解囊修造，终成为桃花掩映、莲荷摇曳、晨钟暮鼓、佛寺生辉的一方净土。之后，北魏宣武帝把此处定为皇家礼佛祈福的圣地，下旨组织技艺高超的工匠凿石为窟，刻佛造像，从此成为皇室专用的礼佛石窟。之后，东魏、西魏、北齐、隋、唐、宋各代相继凿窟，形成前有寺院后有石窟、巍然壮观的石窟寺。

石窟寺坐北向南，前后两个院落既相对独立又紧密联系（图 4–87）。寺院大门两边的钟鼓楼高大挺拔，犹如两尊天兵天将把门，幽静中亦见威严。后院石窟依大力山而建。大力山的上半部是邙岭厚厚的黄土层，下半部露出地面约 20 米高的地方均为青色细砂岩，石窟雕刻就开凿在岩石上。

图 4–87　石窟寺远景

巩义石窟寺现为国家 AAA 级旅游景区，不断有全国各地的游客慕名而来。一千多年前皇家礼佛圣地，如今已“飞入寻常百姓家”。

石窟寺分“石窟”和“寺院”两部分。寺院进门就见一方精致小巧的四合院，正殿不大，房檐下两边两个拱圈小门，门头上嵌着两块石碑(图4–88)，上刻“迷津复渡”“觉路重开”，用佛家语言劝诫人们开悟迷津，觉悟人生。

图 4–88　佛家劝诫

从寺院大殿两边向后走，就是宽大的窟院（图 4–89）。

图 4–89　大力山下的石窟区

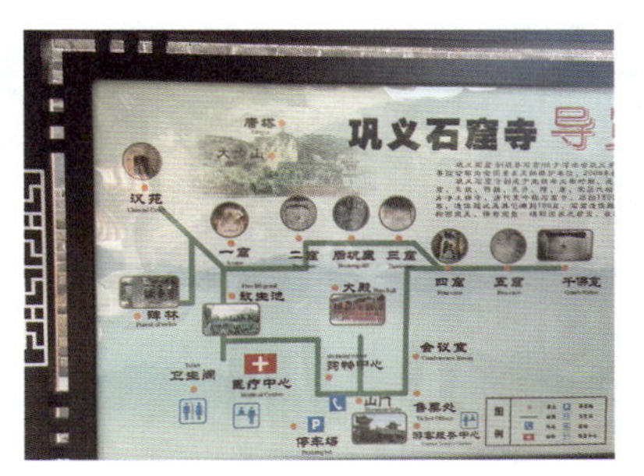

图 4–90　石窟寺导游图

石窟寺现存洞窟 5 个、千佛龛 1 个、摩崖造像 3 尊、摩崖造像龛 328 个、碑刻题记 186 篇、佛像 7743 尊（图 4–90）。洞窟不大，墙上和天花板上刻满了各种姿态的佛，以及花卉、异兽、佛光等，花卉以佛家崇尚的莲花为主。洞窟中间留有一通方形石柱［图 4–91（a）］，既能顶天立地支撑窟顶，使石窟减少坍塌的可能；又成为洞中大型雕刻的 4 个立面，增加雕琢面积。石窟寺崖层薄、地势窄，因此，就势刻造，就有了许许多多的浅龛微雕，密密麻麻，排列整齐［图 4–91（b）］。

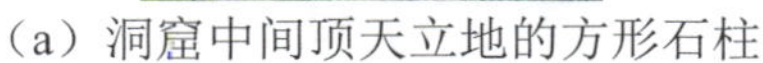

（a）洞窟中间顶天立地的方形石柱

（b）造像龛排列整齐

图 4–91　石窟寺洞窟

石窟寺浮雕“帝后礼佛图”，共有 18 幅，分布在一、三、四窟，是我国保留最完整的孤品，堪称无价之宝。其中最精美、最具代表性的为第一窟的“帝后礼佛图”。进入窟门，转身就能看见门的东西两侧有两组群浮雕，每组分为上、中、下 3 层［图 4–92（a）］。从衣纹和头饰看，每一组队伍的最前边都有一位僧人做引导，礼佛队伍紧跟其后。门东侧的一组是皇帝和男供养队伍，门西侧是皇后和女供养队伍。东侧第一层，皇帝体态雍贵，神情威仪；西侧第一层，皇后体态较胖，雍容华贵；与皇后拉开距离的，应该是妃子，手挎时髦小包［图 4–92（b）］、仪态优雅。雕刻的主要人物显得高大，而余众侍从身体矮小，毕恭毕敬，形成了鲜明的尊卑对照。

（a）

（b）

图 4–92　帝后礼佛图

第五窟窟顶藻井浮雕最为精美，以盛开的莲花为中心，组成绚丽的花团，成为北京人民大会堂天花板上的莲花灯图案的设计灵感来源（图 4–93）。

图 4–93 第五窟藻井莲花石雕与人民大会堂顶灯

在佛教中，飞天是佛的侍从，分为供养天和伎乐天。石窟寺刻有许多飞天，伎乐天一般刻在低处，手持各种不同的乐器，呈演奏状［图 4–94（a）］。而供养天则刻在高处［图 4–94（b）］，手捧供果，身披轻纱，轻盈飞翔。与其他如敦煌石窟、云冈石窟、龙门石窟的飞天不同的是，巩县石窟的飞天双腿蜷曲，姿如团花，动态静谧，稳定沉静。

（a）伎乐天

（b）供养天

图 4–94 飞天石刻

据《巩县石窟寺》作者魏三兴先生介绍：第一窟外原来是一处极其宏大的摩崖雕刻群，窟门左右曾排列着金刚、立佛、弟子、菩萨、飞天以及花卉的整体布局，经千百年来的风化剥蚀，已有许多雕刻残缺不全甚至面目全非（图 4–95），令人痛惜。

图 4–95 石窟寺外摩崖雕刻已经严重风化

石窟寺经历了千年兴衰，如今，在国家的重视下，在巩义市委、市政府的支持下，巩义市文物局加大力度保护石窟寺，郑州市文物局专家也在加紧利用现代技术进行信息采集，想方设法为子孙后代留下这宝贵的优秀文化遗产。

二、慈云寺

青龙山慈云寺（古称大白马寺）位于巩义市东南方 20 余公里的大峪沟镇民权村青龙山腹地，这里四山环绕，一水中流，峰峦叠嶂，林木掩映，环境十分幽静（图 4–96）。

图 4–96 慈云寺外景一角

慈云寺已有 1900 多年的历史。公元 64 年，汉明帝曾派遣汉使去西域请来印度僧人摄摩腾和竺法兰到洛阳传教。两高僧白马驮经，入住洛阳鸿胪寺讲经译书。汉魏时期的洛阳城，位于现在的偃师区西北许村附近，毗邻巩县。摄摩腾和竺法兰讲经之余云游青龙山，在巩县境内看到一处群峰围嶂的小盆地，万岩竞美、云蒸霞蔚、河水清澈、远离尘嚣，两人感到这里是一处极其幽静又相对开阔的传经圣地，随即请旨，受敕在此修建了深山古刹，赋名“慈云寺”。“慈云”二字体现了佛教理念，意为佛之慈心广大如云，荫庇整个天下之人。

图 4–97　慈云寺大门风格

慈云寺的寺庙大门建筑风格在保持中国庑殿顶样式的同时，仍带有印度佛家庙宇特征。两端柱子呈宝塔形，基座上立着七级浮屠，与少林寺塔林相似；门头拱券造型与纹饰带有印度风格。寺殿大门前的进口，两边小门是正八字形坡路，而正大门却是倒八字形台阶，这在我国传统建筑中是不多见的（图 4–97）。

图 4–98　释源祖庭石碑

慈云寺是佛教传入我国后的第一座梵刹，被誉为“释源祖庭”“第一丛林”（图 4–98），这使巩义成为我国佛教首传之地之一。

在近两千年的历史中，慈云寺曾有十几次大规模重修。唐玄奘奉敕主持重修此寺；宋代多次修缮，香火旺盛；元代由于战乱和天灾，一度荒废；明朝高僧在原址的基础上修复和重建，规模宏大，完整保留了当时的建筑格局；直到清代同治五年（1866 年）之前，在历代不断扩容和保护下，慈云寺金碧辉煌，僧侣众多，香客如云。同治皇帝之后，身居深山的慈云寺逐渐被冷落。

新中国成立后，默默处在幽谷中的慈云寺遗址受到专家学者的重视，1963 年被县政府公布为重点文物保护单位，专家们对慈云寺以及周边全面发掘，发现了许多文化珍品。2000 年，在地方政府的支持和群众的热心参与下，由寺院方丈主持，经过 10 年的修葺和重建，慈云寺逐步恢复了曾经的辉煌，建制了众僧规约，恢复了晨钟暮鼓，开辟了面向众生的少林宗风、研习武术、养生禅修、讲经布道、祈福超荐等佛事，提出了“觉悟人生、奉献人生”的新时代宗教理念。众僧修正有序，道场清净庄严，慈云寺佛教文化重新焕发光彩。近几年，大峪沟镇民权村扩修了上山的道路，在慈云寺的对面山坡上新建了祖庭，使游人香客有了更多的去处。

图 4–99　重修后的慈云寺和祖庭

修葺一新的慈云寺建筑规整，布局严谨，与后面山上的“二老谈经峰”遥相呼应（图 4–99）。

寺院内屋瓦排列整齐，庑殿顶稳重大气、脊兽简洁静穆，院中碑楼众多却不拥挤，大小不一却不凌乱，显示了慈云寺建筑的庄重与辉煌，也体现了河洛工匠对古代建筑艺术的透彻理解（图 4–100）。

图 4–100　慈云寺庑殿顶建筑艺术

慈云寺进门左侧，有一块“通明碑”，上刻“青龙山慈云禅寺五十三峰圣境之图”。圣境图用中国传统的线描手法浅刻而成，中间椭圆内是庙宇，从正前方用斜俯视角度刻画出四合大院、四面连廊和院中厅殿。周边五十三峰则用中国画特有的“散点平面俯视图”展示。五十三峰层峦叠嶂，一圈圈围绕着慈云禅寺，每峰都赋有名字，峰上或峰旁有 53 僧围向中心。石碑上方刻有“二老谈经”（图 4–101），形似摄摩腾、竺法兰两位老祖端坐在莲花台上，面对面在谈经论道。

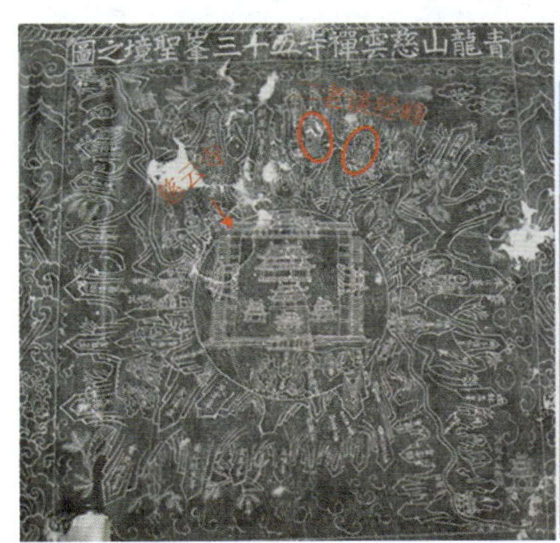

图 4–101　慈云寺五十三峰之二老谈经峰

慈云寺进门左侧的一块石碑，刻有“释迦如来双迹灵相图”以及碑文（图 4–102），据专家考证，这是我国现存的三处“足迹图”中最古老、保存最完好的寺庙宝物。“释迦如来双迹灵相图”上半部是如来佛的一双大脚板印迹，代表了佛祖踏遍人间，播撒大爱。

图 4–102　释迦如来双迹灵相图石碑

1900 多年前，摄摩腾、竺法兰在修建慈云寺时，曾亲手栽下一棵银杏树（白果树），经青龙山一千多年的润泽和一代代僧人的精心养护，银杏树粗壮无比，枝繁叶茂，显示了极强的生命力。但是到了 1936 年，这棵生长了一千多年的银杏树，被人砍伐做了建校的木材使用，虽不是故意破坏，但对珍贵树种和历史文化的无知，造成了极大的人文损失，留下了极大的历史遗憾。

为了尽力弥补遗憾，巩义市工商局干部、中国摄影家协会会员、巩义市政协委员曹振普先生，想方设法探寻这棵银杏树的古老面貌。自 2015 年起，经过他不懈努力，多方打听，终于得到了一些信息，并记录下了许多珍贵资料。据当地一位 90 多岁的老人回忆，这棵银杏树被砍伐之前高十余丈（约 30 多米），围粗 18 米，树荫遮蔽大半个寺院，远远看去，只见大树不见寺。树上鸟巢足有上百个，光每年结的银杏果就有 2000 多斤，秋天扫落叶能扫出 3000 多斤。这些信息弥足珍贵，银杏树的形象必须留给后人。曹振普先生于 2018 年请到文化底蕴深厚的绘画大师李金山先生，根据仅有的资料，逼真地画出了这棵千年老树的美姿（图 4–103）。

图 4–103　李金山先生画笔下的千年银杏树

图 4–104　新的银杏树正在茁壮成长

如今，慈云寺成为全国重点文物保护单位。新的银杏树栽满了寺院周围（图 4–104）。有了当代社会的文明与进步，有了对河洛文化的有效保护，相信这群银杏树将会茁壮成长，再也不会遭到无情砍伐。

【达标检测】

1. 你对洛汭古建筑有哪些兴趣？选出一个你认为最美的建筑，分析其艺术特征。
2. 请你谈谈北宋皇陵的是与非。
3. 从洛汭古建筑中寻找灵感，设计一款有创意的作品。

第五章 洛纳地方戏曲

【学习目标】

明白戏剧和戏曲的区别；简单了解河南豫剧“豫东调”和“豫西调”的细微差别，体会巩义豫剧的艺术特征和化妆特点；懂得常香玉的“甩腔”特征和用法；了解河洛大鼓的特色和影响。

【思政要点】

常香玉爱国艺人的伟大壮举，常香玉的善施义行，常香玉的敬业精神。

【知识拓展】

微信扫描二维码获取

第一节 戏曲——中华文化的瑰宝

古希腊戏剧、古印度梵剧和中国戏曲，被称为世界上三种古老的戏剧艺术。其中，中国戏曲种类繁多，历史传承最为完整。

戏曲是中国传统的各类戏剧和曲艺形式的总称，既有着人类戏剧的共同特征，又有中国独有的表现手段和独特的审美特点，在世界戏剧艺术中独树一帜。

一、从上古绵延而来

戏曲起源于中华上古社会的歌舞，歌舞的内容与先民的劳动和祭祀活动有关，如“断竹、续竹、飞土、逐穴”，歌唱的是人们的狩猎生活（图 5–1）。

先秦时期的祭神活动，将歌、舞、乐融为一体，表演已有专人伴唱。腔调虽简单，但已透出声歌流韵。歌词内容由专人撰写，如《诗经》中的“颂”，《楚辞》里的“九歌”，都是用作祭神的唱词。伴奏已有钟、鼓和弹拨乐器。表演有明确分工，有领唱、合唱、舞蹈、音乐，常常形成长方形围合式舞台雏形（图 5–2）。

图 5–1　上古先民庆祝狩猎和祭祀的歌舞场面

图 5–2　长方形围合式舞台表演

汉代，黄河流域的百戏（图 5–3）、俳优（图 5–4）已经显露出说唱艺术和杂技表演的萌芽。歌舞不再单单是礼仪活动，还成为贵族消遣的娱乐形式。

图 5–3　黄河流域的汉代百戏

到了唐朝，歌舞向戏曲转化，表演形式也更为多样，主要有两大类：一是唐代大曲，这是在汉代伎乐的基础上发展而成的，歌舞与器乐并用，歌词以诗体为主，形成了唐诗枝繁叶茂的生长环境，催生了唐代诗歌巨作；二是河洛地区出现的参军戏，对以后的戏曲发展起到了一定的启蒙作用。参军戏由两个人对口表演，以滑稽调笑为表演形式，这起源于十六国时期的一次反贪事件。相传十六国时期，后赵有个管物资的官员，官职为“参军”。他利用职权，贪污了不少财宝（图 5–5）。被发现后，后赵王石勒没有立即处死他，而是找了个伶牙俐齿的人，每天在众大臣面前戏弄、侮辱他，使他无地自容，尊严扫地。这个做法的原意，一是用心灵折磨作为惩罚手段达到让贪官生不如死的目的，二是杀鸡儆猴教育大家。

这种一问一答、戏弄与被戏弄的场景后来被用作二人逗说表演，在唐朝中后期发展为一种专门的戏曲形式，借称“参军戏”。扮演“参军”的角色愚笨迟钝，是被戏弄的对象；戏要参军的另一个演员叫“苍鹘”，他伶俐机敏，戴着大鸟苍鹘头饰的帽子，以区别于戴着官帽的参军。两个人互相问答，表演以滑稽讽刺为主（图 5–6）。现在对口相声的逗哏和捧哏，就是“参军戏”的演变。参军相当于捧哏，苍鹘相当于逗哏。

图 5–4　黄土高原的汉代俳优

图 5–5　参军乘人不备监守自盗

图 5–6　唐代参军戏

参军戏后来加进唱和伴奏，除男角外，也加入女角，剧情较之前更复杂，这对后来的宋金杂剧有很大影响。

宋金时期，戏曲渐渐形成范式，按照演员的技艺和身份类别出现“脚色”（角色）。人物角色一般有 5 种（图 5–7），能演出完整的故事情节（图 5–8），称为杂剧。其剧目有两大类，一类有曲名，属于“正杂剧”。正杂剧有较为完整的剧词和严格的曲牌、曲调，成为我国宋词成长的基础。另一类没有曲名，属于“滑稽戏”。在正剧开场之前，5 个角色出场先说一段滑稽趣事，然后再演正杂剧，最后加演一段玩笑段子收场。这种穿靴戴帽的范式，在后来一些地方曲艺中常能见到，比如巩义河洛大鼓的书帽。

图 5–7 宋金杂剧已有角色之分

图 5–8 宋金杂剧已有完整的故事情节

元代，戏曲进入成熟阶段，史称“元曲”。元曲将宋杂剧发展成较为完整的戏曲形式，一般每本 4 折，有严格的曲牌。这一时期出现了元曲名作家，产生了脍炙人口的代表作，如王实甫的《西厢记》、关汉卿的《窦娥冤》等，皆为流传后世的优秀剧目。

明代戏曲主要以传奇小说故事为主，具有跌宕起伏的故事情节和赏心悦耳的曲调唱腔，使中国戏曲更加成熟和稳定。

清代，地方戏曲渐渐多了起来，出现了以地域为特色的梨园戏班子。一般的戏班子走乡串县，名气大的戏班子到京城演出。皇家在紫禁城建起了“畅音阁”大戏楼；在颐和园建起了“德和园”大戏楼；在避暑山庄建起了“清音阁”大戏楼。贵族在自家后花园修建了水榭歌台。而老百姓在街头巷尾、茶肆酒楼，也能津津有味地享受戏曲带来的欢乐。

民国初年，一批新兴地方戏开始在各地戏曲舞台上出现，包括越剧、评剧、黄梅戏、河南梆子等比较大的剧种。它们均由民间小戏发展而来，具有极为浓郁的乡土气息和地方特色。

黄河流域的地方小戏最为热闹，形式上，腰系红绸的秧歌、幕后跃动的皮影、怀抱渔鼓的道情等戏曲形式五花八门。唱腔上，顺黄河一路向东形成了不同的地域风格。关中地区的憨直，河洛地区的流畅，齐鲁地区的爽快，异彩纷呈。

一些脍炙人口的地方小戏飞速壮大，每个省都有最大剧种，慢慢形成了本省的代表性戏曲。有的以本省简称赋名，如河南的豫剧、四川的川剧、广东的粤剧、山西的晋剧、福建的闽剧等；有的保留原来地方小戏的名称，如陕西的秦腔、浙江的越剧、江苏的昆曲、安徽的黄梅戏、河北的评剧等。

新中国成立以后，我国戏曲迎来艺术的春天。1951 年，中国戏曲研究院成立，毛泽东主席亲笔题词“百花齐放　推陈出新”，这八个字便成为以后我国戏曲发展的指导性方针。从此，我国的戏曲事业迅速发展壮大，国粹京剧与各个省剧组成了中国的主流戏曲文化，加上各县乡的小戏，一起形成了中国戏曲史上的百花园。据不完全统计，全国有 300 多个剧种。

二、鲜明的特色

1. 虚拟超脱

戏曲以“场”为基本单位，舞台空间变化和情景常用虚拟手法来表现，布景和道具都很简单，全凭演员的虚拟动作来表现。中国戏曲具有舞台时空变化的超脱性，给观众极大的想象空间。演员一个转身就是翻山越岭，一个圆场就换了另一个地方；演员手中的一根马鞭，可以让观众想象剧中人物正纵马飞奔；演员手中的一支船桨，仿佛使观众看到了大江中一叶扁舟正破浪前进。有副对联写得好："三五步千山万水，六七人百万雄兵。"

2. 行当分明

图 5–9　豫剧行当（自左向右：生、净、丑、旦、娃娃生）

戏曲的基本行当分生、旦、净、丑（图 5–9）。

生：有老生、小生之分。老生扮演的是中老年男性，多为正面人物，挂胡须，唱念用大嗓门，身段功架雍容端庄；小生扮演的是青年男子，不挂胡须，用尖而高的小嗓唱念。小生又分英武刚强的武生和风流儒雅的文生以及童稚乖巧的娃娃生。

旦：有青衣、花旦、老旦之分。青衣常穿青色褶子长衫而得名，多扮演端庄贤淑正派严肃的中青年女子，动作幅度小，身段台步沉稳内敛；花旦常扮演天真活泼、聪明伶俐或者放浪泼辣的少女，身段台步轻盈灵巧，手帕是小丫鬟的标配；老旦扮演老年妇女，念唱多用本嗓，神情慈祥和蔼，身段台步沉稳迟缓，刚健老迈。旦角分文旦、武旦，武旦常扮演武将或江湖女侠，穿短衣，表演动作快翻、狠踢，功夫难度大。

净：净角扮演性格、品行异于常人的正面和反面男性人物，台步幅度大，念唱用本嗓。勾画脸谱细致多样，正面人物红脸为忠臣、黑脸为粗直、蓝脸为强悍；反面人物白脸为奸邪、绿脸为草寇；特殊人物金银脸为精怪。

丑：扮演幽默滑稽或者可笑、可鄙的正面和反面男女人物，多以插科打诨逗人发笑。勾画脸谱常在鼻梁上抹一块白粉，又称三花脸、小花脸。丑角有文丑、武丑之分，女丑又称彩旦、丑婆子，多由男性扮演，满脸搽白粉，眼窝、颧骨处搽很浓的胭脂，表演动作夸张，行为乖张滑稽。

3. 戏曲唱腔发音的地域性

戏曲唱腔的吐字发音都离不开方言特征。比如现代戏曲《红灯记》中李铁梅的一段"听奶奶讲革命，英勇悲壮……"，同一句唱词，京剧吐音用的是普通话北京腔，豫剧吐音则是河南话河南腔，语调唱腔分别带有明显的地方音。

第二节　豫剧——梨园一枝秀

在河洛地区，老百姓最喜闻乐见的戏曲形式，当数豫剧。

一、梆子敲出来的剧种

图 5–10 豫剧伴奏乐器——梆子

豫剧在新中国成立前称“河南梆子”，因其伴奏乐器中采用枣木梆子（图 5–10）敲击节奏，发出“梆——梆——”的声音，故俗称“河南梆子”。还因早期演员用本嗓演唱，起腔和收腔时用假声翻高，尾音带“呕——”，故又叫“河南呕”。

河南梆子起源于明末清初，在发展过程中，逐渐形成五大流派。1930 年，五大梆子戏逐鹿开封，后来知识分子参与其中，取百家之长，融千曲之精，形成统一的梆子戏。

新中国成立后因河南简称“豫”，所以将河南梆子改称为豫剧，成为河南省的代表性戏曲，也是中国五大戏曲之一、全国第一大地方剧种。豫剧主要分布在河南、湖北、山东、河北、北京、青海、新疆、台湾等地区，受到广泛的关注和很多人的喜爱。

图 5–11 豫剧下乡

改革开放以后，我国戏曲艺术产业化发展，许多剧团送戏下乡，为群众演出喜闻乐见的健康剧目。在河南农村，对豫剧喜欢到骨子里的广大群众，虽然坐在家里就能看电视，但是出门看戏的热情依然不减。为了满足人民的需要，激发戏曲艺术内在的生命力，剧团演员们翻山越岭，把豫剧送到农村（图 5–11）。豫剧，对弘扬社会主义核心价值观，传承中华优秀的民族文化，丰富人民群众精神文化生活，起到了不可替代的作用。

1994 年，河南电视台开播的《梨园春》栏目，以擂台赛的方式将豫剧及全国各地不同戏曲剧种呈现在观众面前，得到广泛好评。《梨园春》栏目组立足河南，走向全国，面向世界，在中国大陆、台湾以及世界各地演出，使豫剧影响力进一步扩大，《梨园春》栏目也成为全国品牌栏目。

2006 年 5 月 20 日，经国务院批准，河南豫剧被列入第一批国家级非物质文化遗产名录。

国家对豫剧的保护，更加激起人们对豫剧发展的重视。培养豫剧人才，使豫剧非物质文化遗产后继有人，是河南省各级政府和人民群众的迫切愿望。近些年，许多学校从娃娃抓起，非遗文化、高雅艺术进校园，让学生近距离感受传统戏曲的魅力。

二、声腔调属

豫剧因地域不同，形成了豫东调、豫西调、沙河调、祥符调等四大声腔调属。如今，沙河调和祥符调渐趋没落，只有豫东调和豫西调表现出顽强的生命力。

豫东调发源于开封、商丘一带，唇音较多，吐字较轻，行腔显得轻巧柔和，委婉动听。

豫西调发源于洛阳山区，受陕西秦腔的一定影响，上喉音和舌根音较重，音色深沉，显得深厚宽阔、粗犷有力。

三、常派艺术

豫剧经过多年的发展，形成了家喻户晓的名角与特色鲜明的不同流派。其中，出生于巩义的常香玉创立的常派艺术，以她独特的唱腔，被人们尤其是我国北方地区的人们所喜爱。

常派艺术在豫剧《花木兰》中发挥得淋漓尽致，常香玉的个人艺术风格更是表现得与众不同，她吸取戏剧传统的精华，又经过创新，吐字清晰，收腔独特，独具一格。

1. 独创的甩腔

《花木兰》成为我国女性自强自立，为国家建设贡献力量的励志教材。花木兰女扮男装替父从军的故事源自南北朝时期传唱的一首叙事诗《木兰辞》。花木兰既有儿女情怀，更有英雄气概；既是普通人，又是奇女子；既是娇美的女孩子，又是驰骋疆场的勇士，既淳厚质朴、勤劳善良，又机敏活泼、坚毅勇敢（图 5–12）。丰满的人物形象和完美的性格特征，与常香玉的精神品质和唱腔特点相当契合。

图 5–12　常香玉扮演的花木兰

常香玉在豫剧启蒙时期学唱的是豫西调，后来到开封融合了豫东调和祥符调的古朴醇厚、委婉含蓄、俏丽典雅的风格，到西安后又吸收了陕西秦腔等剧种的特点，大胆创新，形成独特的“常派”艺术。

常派唱腔运气酣畅，韵味醇厚，格调新颖，收尾的“甩腔”刚健豪放，富有阳刚之气。在《花木兰》的演唱中，常派甩腔正好用在剧情高潮，饱满奔放、刚劲有力、穿透力极强，产生出强烈的艺术感染力，给人留下深刻的印象。

2. 字正腔圆

唱腔字正腔圆、吐字清楚是常派艺术的另一个突出特点。常香玉一生不但严格要求自己，对于徒弟，她同样要求严厉：“在演唱方法里，吐字最为重要，因为它是一切唱腔的基础。合乎四声的要求、念准尖团字音、分出抑扬顿挫、讲究收腔归韵，才能做到吐字清晰。若吐字不清就不能达意，再好的唱腔观众听不明白，就不会受欢迎。”常香玉在带徒教学生涯中，从来都是一丝不苟（图 5–13）。

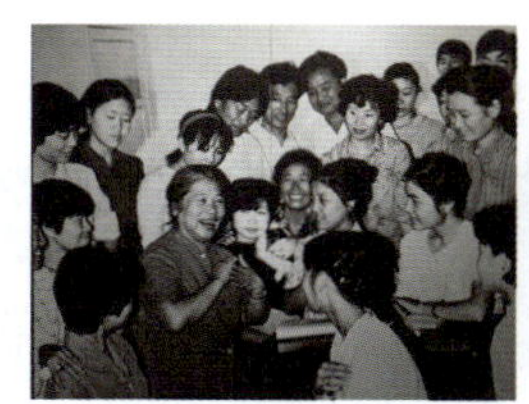

图 5–13　常香玉带徒说戏

四、巩义豫剧

（一）巩义豫剧的表演特点

1. 唱腔调子

巩义紧邻洛阳，本应该是豫西调，但是在二十世纪五六十年代巩义曾两次归属开封，因此巩义豫剧唱腔有着特殊的韵味，既有豫东调的“柔”，也有豫西调的“刚”。

2. 表演要诀

巩义豫剧的各行当都有自己的表演要诀，如武打戏要诀是“身如蛇形眼似电，拳如流星腿似钻；稳如重舟急似箭，蹲如磐石站如山”；青衣旦表演要诀是“上场伸手似撵鹅，回手水袖搭手脖；飘飘下拜如抱子，跪下不能露脚脖”“说话不看人，走路不踢裙，哭笑水袖盖，坐下看衣襟”；花旦表演要诀是“斜眼偷看人，说话咬嘴唇；一扭浑身动，走路甩汗巾”；文生表演要诀是“音高吐字清，动作麻溜净”。

3. 走场转身

古装戏演员的舞台转身、走圆场、水袖表演都具有太极弧线的走势，炫动流畅、动感强烈。

4. 脸谱特征

巩义人爱编顺口溜，演出前的化妆，常在诙谐的口诀声中完成。比如：

旦角：杏核眼，眼线长，小眼角，向上扬。

丑角：小丑脸，八字胡，鼻梁画块白“豆腐”。

5. 常用乐器

巩义豫剧乐队的乐器，随着时代的变化而逐渐丰富。据老艺人讲，河南梆子时期，乐器很简单，只有板胡、梆子、镲、边鼓、大小锣。后来增添二胡、三弦和笙。20 世纪 50 年代后，又多了琵琶、中阮、笛子等，有的地方还增加了坠胡、古筝、古琴、唢呐。20 世纪 80 年代以后，引进了电子琴、小提琴、大提琴以及铜管、木管等西洋乐器，组成中西交响乐队，使豫剧伴奏更有浑厚的环绕声。

（二）巩义市对豫剧的传承发展

常香玉家乡巩义市十分重视豫剧的继承和发展，注重培养豫剧新人。常香玉的后人捐资办起了“香玉小学”，教育部颁发了“常香玉班”牌匾，使常香玉豫剧艺术得到了更好的传承发展（图 5–14）。

图 5–14　巩义市“香玉小学”及“常香玉班”牌匾

巩义市豫剧团国家二级演员王霞，退休后发挥余热，倾尽自己的专长，呕心沥血积极培养巩义豫剧爱好者，不辞辛苦到幼儿园、中小学传授豫剧表演艺术，校园练戏蔚然成风。常香玉的艺术灵气滋润着戏曲爱好者，许多孩子对豫剧表演十分投入，一招一式有模有样（图 5–15）。

图 5–15　王霞老师手把手教学生表演

地方文化部门、教育部门积极组织豫剧会演（图 5–16），把豫剧艺术的传承推向高潮。就连 5 岁小孩，唱起豫剧来也那么带劲儿。

图 5–16　巩义市中小学、幼儿园积极传承豫剧

第三节　河洛大鼓——戏曲轻骑兵

一、河洛大鼓的由来

河洛大鼓，起源于清末民初，是流行在河洛地区一个较年轻的曲种，仅有上百年的历史。据老艺人相传，大约在 20 世纪初，洛阳一带流行一种琴书，艺人闭目端坐，唱腔低沉，一把坠胡伴奏，缓慢凄婉。

南阳鼓儿词（俗称单打鼓）艺人李四为生存来到古都洛阳，和偃师来的琴书艺人胡南方等人在街头同台演出，相互学习，相互借鉴。鼓儿词艺人扯腔亮嗓的演唱风格和眼疾手快的动作特点，配以书鼓和钢板烘托的热烈气氛，更适合豫西人直爽豪气的性格，很受群众欢迎。洛阳琴书的坠胡伴奏融合南阳鼓儿词的粗放风格，逐渐形成新的曲种——大鼓书，并迅速以洛阳为中心，辐射东到荥阳，西到渑池，南到南阳，北到焦作一带，以群众喜闻乐见的面貌根植于河洛地区。

1950 年，周恩来总理率领慰问团到朝鲜慰问抗美援朝的志愿军，偃师第二代鼓书艺人张天培随团演出。周总理观看演出之后问张天培："你演的叫什么曲种？"张天培回答："这是我们河洛地区流行的地方曲艺——大鼓书。"周总理说："那叫河洛大鼓会不会更好？"根据周总理的建议，在 1951 年洛阳专区召开的第一次曲艺工作会议上，此种曲艺形式正式命名为"河洛大鼓"。

从此，河洛大鼓这个响亮的名字在河洛地区流行起来。

图 5–17　河洛大鼓省非遗传承人尚继业

二十世纪六七十年代，河洛大鼓第二代、第三代传承人组成小分队，拿着县文化馆的介绍信，有组织地去到各村宣传演出。每到一处，村里就像过节般的热闹。

2011 年，巩义河洛大鼓被列入河南省第三批非物质文化遗产名录（图 5–17），第四代传承人尚继业于 2013 年获文化部最高奖——"群星奖"，河洛大鼓成为唱响河洛文化的嘹亮声音。

二、河洛大鼓的艺术特点

河洛大鼓具有许多独特之处，充满了艺术表现力。

1. 演出形式便捷

河洛大鼓书场选择较为灵活，除了在园子里（如曲艺厅等）有舞台外，在街头巷尾、农家小院，大都是一桌、数椅、一杯茶，说书人就可以开场了（图 5–18）。不用锦幕低垂，不用舞台灯光，无需开锣走场，无需化妆扮相。坠胡一拉，书鼓一敲，手举钢板，开口便唱，演古叙今，以一当十。

图 5–18　街头巷尾随时可演

2. 单人演唱发展为多人合唱

过去的演唱方式主要是“单大鼓”和自拉自唱两种形式，近年来，为适应社会发展，巩义河洛大鼓演出形式不断创新，出现了二人对唱［图 5–19（a）］、三人演唱［图 5–19（b）］和多人合唱的场景［图 5–19（c）］，台式鼓也随之变为落地架子鼓。

（a）二人对唱

（b）三人演唱

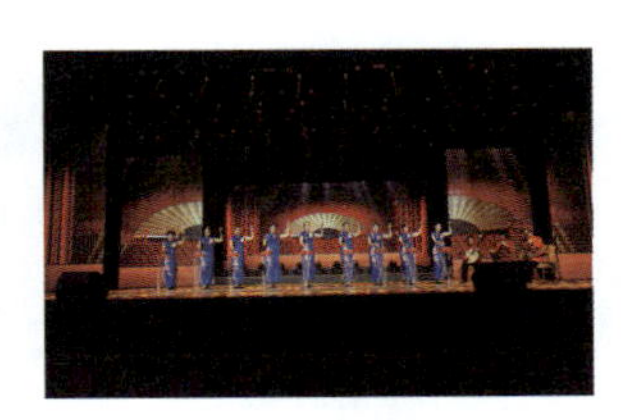

（c）群体演唱

图 5–19　河洛大鼓演唱形式

3. 书帽与书串

早期流行于民间的河洛大鼓，每场书一般说三大段，每段 1 小时左右，称为一板书。每板书在正书演唱前，先来一段逗笑的说唱，简明扼要，朗朗上口，俗称“书帽”。很显然，书帽带有宋杂剧的影响。

有的书帽虽然和正书无太大的逻辑联系，但是能烘托开场气氛，聚拢人气，吸引观众注意力，为正书做好准备。

有的书帽完全是诙谐幽默的大实话，能引得老百姓开心一笑。如：“天上下雨地下浸，两个五两是一斤，一个一块能换十个一毛，十个一毛能换一百分。”又如：“出了门，朝正东，腿肚朝西。”

有的书帽能强调时事重点，教化开悟，增强正能量。如：“天也不早了，人也不少了，鸡也不叫了，狗也不咬了，现在咱开始说书。说书不说书，先说一段毛主席语录，毛主席教导我们说：‘一切反动派都是纸老虎。’”

还有的书帽含蓄点题。如：“托古人提醒今人，借虚事指点实事。”“一君一臣一圣人，三人三姓三兄弟。”

更多的书帽把大道理说到人们的心里去，让人产生认同感。如：“国正天心顺，官清黎民安。妻贤夫祸少，子孝父心宽。”

书帽可长可短，短则三五句，长不超过十分钟。

书串是一种板式，有人也叫作“唱串”或“连口”，是演唱中对人物或者景色的描绘，形成基本固定的语言，不同剧目如遇相同的人或景，仍用同一书串。

4. 卖关子

书说到热闹处，关键时刻开始“撂挑子”，俗称卖关子：“眼看就是一场闹，打打钢板我要停。把书说到交关口，一言得罪众观众，要是瞌睡你就走，不瞌睡，喝口热茶接着听。”这时，演唱者戛然而止，给人造成悬念，引起大家急于往下听的欲望。“喝口茶，喘口气，拿不住奸贼不刹戏儿”，于是，下一段就开始了。

5. 唱腔特点

河洛大鼓的唱腔属于板腔体，即以对称的上下句作为基本单位，通过对节奏、速度的改变，形成不同板式。唱词中的奇数句为上句，偶数句为下句，这是河洛大鼓唱腔结构的基本特点。

河洛大鼓的板式都有固定的名称，“引腔”是演唱的开始，唱速缓慢；“起腔”较为振奋，拉开嗓子，旋律舒展激昂，能振奋听众的情绪；“二八板”用于叙事，唱速适中，娓娓道来；“飞板”用于情节紧张，情绪突变；“叹腔”用于悲哀哭泣，有强弱之分；“凤凰三点头”用于较长叙事，伴奏不用书鼓，只用月牙板，营造安静的气氛，使听众静静聆听；“落板”是一板书的结束句，铿锵有力，声音上扬，拖腔收尾。

河洛大鼓演唱时的哼音比较多，素有“36 唱 72 哼”的说法，正如行内谚语：“一唱就得哼，不哼不好听。”

6. 乐器简单便携

图 5–20　河洛大鼓的主要乐器板胡、坠胡、月牙板、书鼓、惊堂木、鼓槌

河洛大鼓的乐器（图 5–20）不多，伴奏工具主要有板胡、坠胡、琵琶、中阮、扬琴等，一般选用 1～3 种，坠胡是主乐器。演员手持的道具常用书鼓、鼓槌、月牙板、惊堂木、折扇等，前三种必不可少，后两种可有可无。月牙板主要用于打击节拍，撞一下叫单板，一轻一重撞两下叫阴阳板，快慢掺杂着撞叫作花板。

演出时，演员站在舞台上，面前放一扁形圆鼓，右手打着月牙板，左手持鼓槌，时说时唱时敲鼓。书鼓敲出昂扬激越的气势，钢板打出清风流水的温柔。如果有桌子，有的演员说到重要情节，偶尔拿起惊堂木啪的一声拍，犹如现在的“敲重点”。舞台侧边坐三两个乐器手，与演员唱腔配合，所拉曲子较为单调，以突出演员的说唱。

三、河洛大鼓的宣传功能

河洛大鼓是河洛地区的地方性文艺曲种，群众基础深厚，寓教于乐，直达人心，受众广泛。

前些年，在巩义市政府前的文化广场开辟河洛大舞台，每周都有河洛大鼓搭台演出。观众不但有市区的，就连周边村庄也经常有大人带着小孩、年轻人带着老人，蹬着三轮车，开着“突突”车，来到文化广场，聚拢到台前，腿脚不好的、年纪大的老人们就坐在车厢上。大家津津有味地听河洛大鼓，咚咚的鼓点儿声、清脆的钢板声、悠扬的坠胡声、阵阵的喝彩声，形成了其乐融融的浓厚文化氛围。人们在唱词中受到教育，在故事中明辨是非。文艺为人民服务的思想，在河洛大鼓独特的艺术形式中得到鲜明而生动的贯彻。

巩义市河洛大鼓第四代传承人、河南省非遗传承人尚继业，年已八旬，不管是带徒还是演出，依然是孜孜不倦地传授、兢兢业业地演唱。尚老先生与他的徒弟们紧扣时代脉搏，常年用河洛大鼓宣传法制、弘扬民族文化（图 5–21），赞誉传统孝道，传播和谐正气，唱响河洛文化。

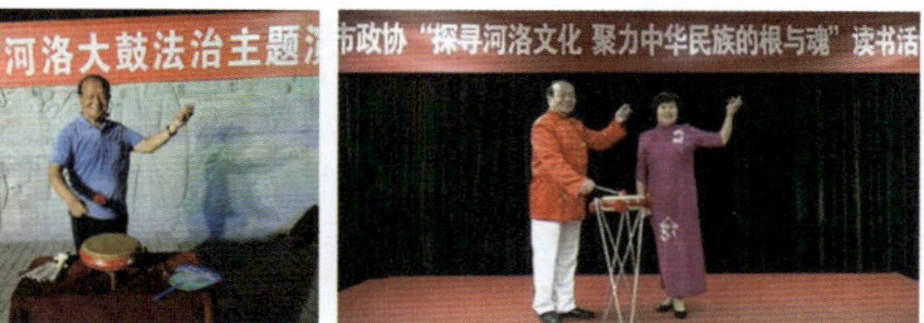

图 5–21　尚继业用河洛大鼓宣传法制，弘扬民族文化

2021 年“7·20”暴雨洪灾，冲毁了文化广场的河洛大舞台，但是冲不垮老艺人对河洛大鼓的热爱和执着。他们开辟一片小小的河洛书场，一把坠胡一面鼓，激情地敲，热情地唱，一如既往给观众带来精神上的愉悦和心灵上的润泽（图 5–22）。

图 5–22　洪灾挡不住老艺人对河洛大鼓的热爱和执着

河洛大鼓是中国戏曲的轻骑兵，内容上，像厚重的黄河，谈古论今，包罗万象；形式上，如轻盈的洛水，一支轻骑，自由驰骋。没有复杂的道具，没有繁杂的服装，随叫随到，随到随演。行走在乡间田野，深入到寻常人家，有文人墨客赞美道：

说古论今传书理，明言暗讽劝世人。

立足只有方寸地，开口尽是奇妙文！

【达标检测】

1. 借助网络，辨听豫剧豫东调和豫西调的细微差别，提高艺术感悟力。
2. 找一个自己最感兴趣的戏曲元素，分析其艺术特征，并进行文创构思。
3. 分析人民艺术家常香玉爱党爱国的思想根源。
4. 分析河洛大鼓非遗传承人尚继业的艺术追求和敬业精神。

第六章 洛汭民俗文化

【学习目标】

了解古洛汭的民俗文化特征，认识成就较大的非遗文化项目成果，能用其中的文化元素构思文创艺术品。

【思政要点】

小相狮舞人的不懈追求和勇敢精神；河洛剪纸非遗传承人的思想深度和文化宣传力；古代鲁班锁的精良制造带给中华民族的自信和骄傲。

【知识拓展】

微信扫描二维码获取

第一节 春节习俗——年味十足的洛汭风情

一、我国年节习俗的形成

“百节年为首，百善孝为先”，中国人的节日记忆首先是过新年。新年是一年的开始，也是四季中第一季的开端，是农业社会时期人们祈祷来年风调雨顺、五谷丰登、生活顺利的最佳时间节点。

图 6–1　甲骨文“年”的象形

在甲骨文中，“年”字是一人背负成熟的谷禾回家的形象（图 6–1）。由此可见，一年是庄稼生长的一个周期。随着夏历的发展和完善，汉武帝太初元年（公元前 104 年），以夏历正月初一为“岁首”，称为“元旦”；1911 年辛亥革命后，我国开始采用公历纪年，称公历元月 1 日为“元旦”，农历正月初一为“春节”，并固定和延续下来。

春节作为全民的重大节日，自古以来都有隆重的庆祝形式，并一代一代延续，形成中国特有的民俗。

二、洛汭的年节习俗

在农耕文明发展较早的河洛地区，老百姓的劳动生活和精神生活较为丰富，年俗有固定的内容和对应日期，且代代相传。在古洛汭民俗习惯中，从腊月二十三到正月十六，贯穿着过年的整个流程。在这 20 多天里，人们祭灶、除旧布新、迎禧接福、贴对联、挂年画、守岁、拜年、祭神祭祖、逛庙会等，成为河洛文化中最丰富、最具百姓烟火气的节庆形式。这些风俗都有着明确的目的性，那就是企盼幸福，休养生息，鼓励奋进，庆贺大地回春，喜迎来年和顺美满。

1. 年前活动

洛汭百姓认为，喝了腊八粥，心理上开始有了要过年的预期。到了腊月二十三，就进入了年前准备的快节奏，老人们开始向晚辈传颂歌谣，告知人们年前要有条不紊地去做过年的准备事项：二十三祭灶官；二十四扫窑墩儿；二十五磨豆腐；二十六割块肉；二十七采柏枝；二十八贴窗花；二十九蒸馒头；三十儿晚上熬一宿；大年初一，磕头作揖。这些朗朗上口的歌谣多流行于中原一带，各地大同小异。比如腊月二十四和二十七，洛汭人就与其他地方不一样。古洛汭人们多住窑洞，腊月二十四打扫窑洞，没有窗户，也就没有那么多犄角旮旯，仅是扫扫窑洞的墙壁和窑顶即可；腊月二十七，洛汭人要去丘陵山地采些柏枝，晾上3天，等到大年初一早起，外面一边放鞭炮，窑内同时点燃柏枝，为的是祛除病毒细菌和邪恶。燃柏枝有一定的技巧，多冒烟少火焰，称作“炬柏枝”。

洛汭百姓要在腊月三十儿这天“安神请祖”。上午，一家之主带领全家在专门设有神位的窑洞里安神，挂上“老天爷”“土地爷”“伏羲祖”“女娲祖”等心目中所崇拜的神像，敬请诸神保佑全家。下午，要到祖坟上添土祷告，请逝去的亲人回家一起过年。这种民俗文化体现了洛汭人对心中愿望的诉求和对美好生活的向往，以及对祖宗的尊重和怀念之情。

从年三十儿夜里开始，就要把扫地的笤帚、裁衣的剪刀、缝线的针之类的劳动工具收起来。一直到初五，才能破戒拿出来使用。因此，初五也叫“破五”。这是让家人专心过年、心无旁骛的举措，是老祖宗留下的规矩。

2. 年中活动

年中一般是指初一到初五这段时间，俗称“大年”。古文化中洛汭的大年初一很是繁忙热闹。从凌晨开始，要抢头炷香，全家都要早早起来，给神祖、先人上香摆供品，接着就要燃放鞭炮；早饭要吃三十儿夜里包好的饺子，意寓“连年有余”。拜年讲究长幼有序，上午要先给家中长辈拜年祝安，再去大伯、叔叔家拜年问好。下午，再一起到家族祠堂祭拜老祖。拜年的姿势也有讲究，双手相握，给长辈拜，要举到与眉齐；给同辈拜，要举到与胸齐；对方回拜，拱手表示回礼或点头致谢即可。

初二，是出嫁的闺女回娘家的日子。闺女一家人早早起来，带上厚礼，女婿要去给岳父、岳母拜年，一是表示尊重，二是与外戚联络感情。

初三、初四走亲戚，先舅后姑、先姑后姨，由近及远，亲疏有序。

初五，也叫破五，大年过完，商人可以开市，家中也可以扫地倒垃圾，大姑娘、小媳妇都能用剪刀、拿针线做女红了。

3. 年后活动

破五以后，就进入小年，这期间的春节文化艺术节目丰富多彩，在发展及传承中，稍大的乡村都有“耍社火”“赶庙会”的活动。这些民间艺术团体从初六开始，聚在一起排练，一般在十五、十六这两天正式演出，最是热闹。巩义回郭镇是一个大镇，也是一个比较富裕的乡镇，镇下面很多村庄都出节目，人员多、阵势大，一般到初九就开始了庙会社火，一直玩到十五、十六“送灯”前。而鲁庄则要玩到十九才结束，因为鲁庄镇小相村的狮舞尤为出名，看的人多，往往要多演几场。

正月十五、十六耍花灯、闹元宵，寓意大年、小年都要过完了。这两天，各家都挂起灯笼送神、送祖，名曰“送灯”。很多地方举行灯会，表演舞狮舞龙、踩高跷、摆旱船、背背桩、扭秧歌、小丑耍闹等节目，一般是走街串巷游演，最后到一片开阔地或广场再集中演出。

第二节 小相狮舞——以登高取胜的中华第一狮

狮子在中国人心目中被视为瑞兽，象征着驱妖避邪，镇宅固本，富贵吉祥，人兴财旺。

中国人认为，有狮则兴（兴旺发达），有鼓则盛（繁荣昌盛）。自古以来，中华民族早就有舞狮的习俗，并成为历朝历代民间喜庆活动的保留节目。

在历史的沿袭中，华夏民族的舞狮舞龙活动遍布祖国大地。根据狮子的装扮式样和舞蹈动作，分南狮和北狮两大派系。河洛地区的巩义小相狮舞，以阳刚奔放的黄河性格，成为北狮的代表。

一、小相狮舞的起源

小相狮舞的起源，有着一个美丽的神话传说——玉皇大帝玉玺上的狮子修炼成仙，偷偷下凡人间，降落在嵩岳凤凰山脚下（巩义市鲁庄镇小相村，现存有狮仙台、狮仙庙遗址）。狮仙在这一带除妖镇宅，造福百姓，深受众人拥戴。玉皇大帝发现玉玺上的狮子不见了，就派天兵天将来人间寻找，将狮仙收回天宫。狮仙留恋人间，临上天前便把狮皮留在小相村。从此，小相百姓想念狮仙时就用狮皮扮作狮子的模样出来玩耍，犹如狮仙再临。

清代嘉庆年间，霍乱突起。那时民间认为霍乱是妖鬼作祟，于是小相人就舞狮以驱病避邪。霍乱过后，小相狮舞保留下来了，成了小相村的特色，流传至今，并不断发展。

现在，每逢年节庙会，小相村便会热热闹闹地组织一次声势浩大的狮舞表演。因为习惯把舞狮表演队叫作狮舞团，所以叫小相狮舞，而不叫小相舞狮。

二、小相狮舞的特点

小相狮舞洒脱大方、稳重细腻，用各种动作表现狮子的顽皮、诙谐，通过大幅度粗犷、刚劲有力的舞姿来刻画狮子威武刚烈的气质和迅猛勇敢的精神。

小相狮子脸部形象比较写实（图 6–2），大嘴大眼大塌鼻，方嘴方脸方额头，一身长毛抖正气，一脸威严镇邪妖。

小相狮舞除一般的技巧外，更是以登高取胜。表演模式主要分为地摊、八仙桌、高架和高空四种形式。

1. 地摊狮舞

地摊狮舞，即在平地上表演。大狮子由两人扮演，一人抬头、一人拱尾，协调舞动，熟练配合，浑然一体。小狮子单人披狮皮 [图 6–3（a）]，动作灵活，顽皮可爱。另有一引狮人，有时也会用喷火激逗狮子，表演中称为“斗狮”[图 6–3（b）]。而狮子则以腾、跳、蹿、扑、伏、回旋等动作配合，加之锣鼓喧天，以显威武震慑气氛。狮舞表演既刚劲威猛，又细腻传神，让人流连忘返。

图 6–2　典型的北狮形象

（a）单人小狮子

（b）喷火斗狮

图 6–3　地摊狮舞

2. 八仙桌狮舞

八仙桌狮舞（图 6–4），在场地中央摆一张八仙桌，引狮人用绣球引逗狮子，两头狮子从地面“噌”地一下跳上桌子，时而搔首弄姿，时而旋转跳跃，时而做出大口吞咬、摇头晃脑的动作，灵活的身姿、滑稽的神态、可爱的形象引得人们阵阵喝彩。

（a）方寸之间站两头狮子

（b）八仙桌上旋转跳跃

图 6–4　八仙桌狮舞

3. 高架狮舞

随着时间的推移，小相村民不再满足于“地摊狮舞”和“八仙桌狮舞”，而是在平地的基础上创出了“高架狮舞”。一是在桌子上叠几层板凳［图 6–5（a）］，开始是 1 层，后来层层上摞，能摞到 12 层。二是在会转动的圆盘上叠几层板凳［图 6–5（b）］，随着流畅的旋转，舞狮人做着复杂的套路，加之锣鼓齐鸣，助阵威武震慑的气氛。一头或多头狮子，在昂扬的锣鼓声中，时而凝神蓄势，时而辗转腾挪，做着各种高难、惊险动作，那一招一式都令观众惊叹不已！

（a）叠凳狮舞

（b）转盘狮舞

图 6–5　高架狮舞

4. 高空狮舞

高空狮舞，村里人称为“上牢杆”，这是小相狮舞独一无二的绝技，也是入选国家级非遗项目的主要竞争力。人们事先搭起 10 米多高的架子，四周扯紧八根又长又粗的绳索，牢杆顶端放几把椅子或板凳，狮子沿着两道绳轨，爬上杆顶［图 6–6（a）］。绳子是软的，呈 45 度斜坡，两人顶一张狮皮，沿着 20 多米的绳轨向上攀爬［图 6–6（b）（c）］。这不但需要两个人的胆量和气力，还需要非常严密的配合，没有多年的训练是走不稳的。狮子攀到杆顶，舞着高难动作，博得下面观众阵阵喝彩，然后再顺绳爬下。

(a)

(b)

(c)

图 6–6　高空狮舞

三、小相狮舞的成就

1968 年，小相狮舞被邀请到登封、洛阳等地演出，竖起“牢杆”表演“五子登科”，容纳四五万人的广场被挤得水泄不通。

1992 年，由小相村中学生表演的“小狮子”，已“青出于蓝而胜于蓝”，在当年郑州市首届青少年艺术节上荣获一等奖。

1999 年，澳门回归，小相狮舞艺人赴澳门参加庆祝活动，在狮舞大赛中再夺桂冠。

……

小相狮舞表演经过百年继承与创新，将舞狮这一民俗文化活动由地面发展到高空，形成了中原地区乃至全国独具的特色，以惊险的动作赢得了“中华第一狮”的美誉，2008 年入选国家级非物质文化遗产名录，2012 年，身怀绝技的李金土成为国家非物质文化遗产传承人（图 6–7）。

图 6–7　小相狮舞荣誉

巩义小相狮舞作为中华民俗文化艺术园地的一朵靓丽奇葩，2024 年春节前夕以国家级非遗的资格，受邀参加中央电视台《新春非遗之夜》的演出，让广大电视观众一睹中华第一狮的绝技和风采，把河洛文化的精华传遍全国。

郑州商学院近水楼台，常常在新生开学典礼或者运动会开幕式上，邀请小相狮舞到学校表演。高扬热闹的锣鼓声，腾飞翻转的狮，引颈曲身的龙，引来广大师生们的阵阵喝彩。

第三节　河洛剪纸——巧手奇思的艺术传承

剪纸是流传于我国各地的古老的民间传统手工技艺，采用剪刀、纸张进行折叠镂空制作。千剪不断、万剪相连，通过自然形态、谐音、象征、夸张、符号等手法表现民俗民趣。剪纸造型古朴、典雅、含蓄、灵动，给人以艺术审美的享受。我国剪纸南北风格差异明显，北方剪纸粗犷明快，南方剪纸细腻含蓄。河洛地区的剪纸受黄河豪迈气质的影响，有着独特的发展走向和工艺特点。

曹慧贞女士，是巩义市洛口村曹氏家族河洛剪纸的传承人，她至今还保存着娘家祖奶奶清末民初的剪纸老花样（图 6–8）。

曹氏河洛剪纸第一代传承人曹大姑，是清末民初的剪纸高手。她的传世之作“八喜牡丹团花”（图 6–9），是洛汭老百姓在年节最喜欢用的样式，所采用的河洛元素“太极”“牡丹”“顺风旗”等对河洛剪纸的传承影响深远。

图 6–8　百年老屋里墙上的老花样

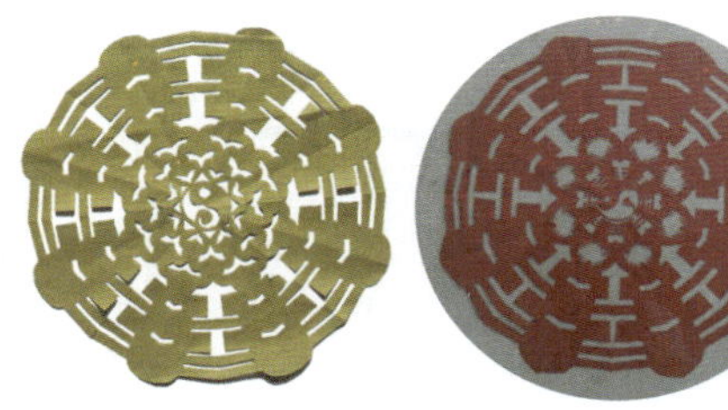

图 6–9　曹大姑剪纸“八喜牡丹团花”

第二代传承人贺妮儿，师承母亲曹大姑，以剪服饰刺绣底样见长（图 6–10）。在民国时期手工女红流行的年代，洛汭的大姑娘、小媳妇常讨来花样，刺绣在衣服上、枕头上作为装饰。

图 6–10　贺妮儿剪纸“花篮儿”

第三代传承人贺梦月，师承姑姑贺妮儿，以儿童服饰绣样剪纸见长（图 6–11），是二十世纪五六十年代洛汭地区农家妇女缝制老虎头童鞋、婴幼儿围嘴圈（一种防止婴儿流口水浸湿衣服的附属服饰）的常用花样，之后民间有大量纹样留存。

第四代传承人曹慧贞，师承祖上三代剪纸技艺，技术娴熟，艺术表现力极强，在继承前人的基础上大胆创新，将第一代传承人曹大姑的八喜牡丹团花大胆配上四个角花，剪出了带有河洛地区吉祥符号的“八喜牡丹图”（图 6–12），形成“福、禄、寿、喜、财”五种不同的寓意，用于不同的场合，受到了河洛地区老百姓的喜爱。

图 6–11　贺梦月剪纸“绣鞋纸样”

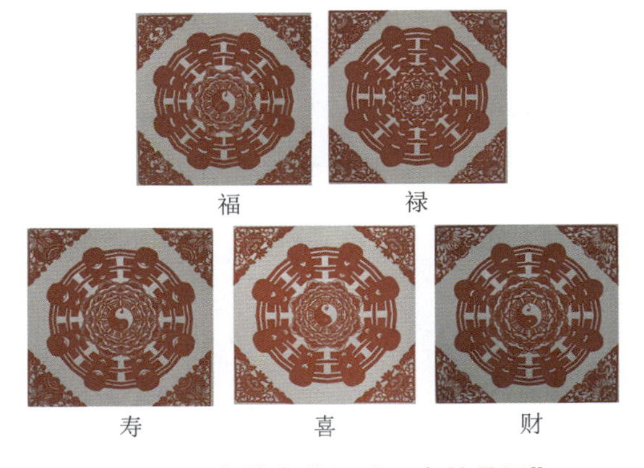

图 6–12　曹慧贞剪纸“八喜牡丹图”

曹慧贞从小在洛汭最夹角的洛口村长大，黄河与洛水的灵气滋养了她，家族的遗传给了她一双灵巧的手。本来从事财务工作的她，退休后继承了家族的剪纸艺术，建立了“曹慧贞河洛剪纸工作室”，十余年刻苦钻研，勤奋创作，把曹氏河洛剪纸推向了新的高度。2021 年，曹慧贞的“河洛剪纸”被列入河南省非物质文化遗产代表性项目名录（图 6–13）。

曹慧贞剪纸内容上多呈现河洛地区民风民俗，着力表现民间谚语。打麦场上的顺风旗［图 6–14（a）］，丰收时节的粮仓花贴［图 6–14（b）］，都深受老百姓欢迎。

图 6–13　曹慧贞河洛剪纸河南省非遗牌

（a）“龙送顺风溜溜顺”

（b）“狮送铜钱发发财”

图 6–14　曹慧贞河洛民俗剪纸

曹慧贞河洛剪纸的一个独特的技艺，就是大体剪成后，边修剪边唱歌。手里剪刀飞转，嘴里哼着小曲，剪刀剪到哪儿就唱到哪儿，唱到哪儿就修到哪儿，唱与剪相辅相成，随机生成。曹慧贞自小熟悉的黄河洛水边的洛汭小调，犹如潺潺流水，脱口而出，对应而唱，例如凤戏牡丹［图 6–15（a）］和她徒弟张海霞剪的花篮［图 6–15（b）］。

牡丹花，红又艳，飞来凤凰戏牡丹。
剪个牡丹层层瓣，加个石榴在中间。
凤凰回头看不够，抱起牡丹飞上天。

（a）曹慧贞剪唱“小曲儿伴凤凰”

小剪刀，尖又尖，师傅教俺剪花篮。
剪朵牡丹扶绿叶，剪俩凤凰站两边。
剪对鲤鱼跳龙门，剪朵梅花搁中间。
两朵灵芝凑热闹，弯腰钩来两贯钱。
左一剪，右一剪，剪的花篮真好看。

（b）张海霞剪唱“小曲伴花篮”

图 6–15　剪纸作品和唱词

河洛剪纸就地取材，常常把河洛地区的历史文化和新近发生的社会大事作为创作主题，注重剪纸艺术的宣传功能，精准选取典型的元素，着力刻画最能打动人心的形象和细节。

比如：曹慧贞女士把代表着河洛地区豫商文化之魂的康百万“留余”思想，转化为剪纸语言，借用一个篆字“留”，再将“余”字用黄河大鲤鱼作替代，利用谐音，把河洛豫商文化的精髓巧妙融入剪纸艺术当中（图 6–16），创作出寓意深刻、富有新意、画面美观的剪纸作品。

图 6–16　“留余 · 留鱼”

曹慧贞对古洛汭文化的理解极其深刻细腻，巩义石窟寺的飞天造像、帝后礼佛图等拓片，成为曹慧贞河洛剪纸的构图范本。她让 1600 多年的石刻“飞天”从剪纸艺术中飞起来，不仅形似，而且神似，同时也具有适合剪纸的形态创新，剪出的河洛飞天特色更加鲜明，为河洛艺术的发展增添了新的面貌（图 6–17）。

曹慧贞创作的剪纸“河洛人家　欢喜一堂”（图 6–18），从内容上看，蕴含着诸多河洛文化元素。黄河边，土塬上，农民们在敲锣打鼓喜庆丰收；孩子们在打太极拳；山上奔跑的小鹿、天上飞翔的喜鹊、黄河大鲤鱼、树上的蝙蝠、盛开的牡丹花等，集合在华表之下，表现了在党的领导下，国泰民安、生活幸福的场面。内容丰富，寓意深刻。从纹饰上看，对称折叠、同心圆等剪纸特征鲜明，粗犷与细腻交替结合，人物与动物动感强烈。从技法来看，走线稳重，精细严谨，刀法娴熟，剪工高超。

图 6–17　“石窟飞天　剪纸呈现”

图 6–18　“河洛人家　欢喜一堂”

2018 年在世界邮票图案征集选用中，曹慧贞女士的“连年有余”剪纸作品，极具文化性、艺术性、审美性和技术性，被欧洲邮票选用，在法国、美国、德国、荷兰四个国家发行（图 6–19），成为世界邮票珍品。

曹慧贞剪纸新作品“生生不息”（图 6–20），及时宣传抗击疫情的动人事迹和场景，通过剪纸艺术赞美中国人民不屈不挠的坚毅精神。

“根在河洛”（图 6–21）用剪纸的多种技法，表现黄河文化、华夏文明深深根植于河洛大地这一理念，成为曹慧贞剪纸代表作。

图 6–19　邮票“连年有余”

图 6–20　“生生不息”

图 6–21　“根在河洛”

“根在河洛”集大成地表现了洛汭地区的文化成就，如图 6–22 所示。

主题人物［图 6–22（a）］伏羲手持矩，女娲手举规，意为远古时期人文始祖在黄河洛水之滨为人类立下了礼仪规则。除了主题人物，曹慧贞在背景中几乎涵盖了古洛汭的所有文化元素，有伟大诗人杜甫故里和故乡人对杜甫七岁咏凤凰的赞叹［图 6–22（b）］，有爱国艺人常香玉的豫剧花木兰剧照和河洛大鼓的即兴演出［图 6–22（c）］，有百年留余匾、凤鸣古洛汭［图 6–22（d）］，有太平岗上保太平、长寿山中享长寿［图 6–22（e）］，有嫦娥奔月、石窟飞天［图 6–22（f）］，有黄河跳鲤鱼、太极昭华夏［图 6–22（g）］，有喜鹊报喜、蝙蝠送福［图 6–22（h）］等。人物、动物、植物、景物，物物皆有，主次分明；构图虚实相间，巧妙妥当；内容丰富多样却不拥挤，层次感极强；剪技高超，拙朴与雅致相得益彰。

（a）伏羲手持矩　女娲手举规　（b）杜甫故乡情　七岁咏凤凰

（c）常香玉剧照　河洛大鼓演出　（d）百年留余匾　凤鸣古洛汭

（e）太平岗上保太平　长寿山中享长寿　（f）嫦娥奔月　石窟飞天

（g）黄河跳鲤鱼　太极昭华夏　（h）喜鹊报喜　蝙蝠送福

图 6–22　剪纸作品“根在河洛”截图

2020 年 8 月，曹慧贞女士代表巩义人民，将装裱一新的大型剪纸卷轴赠送给北京大学李伯谦教授（图 6–23）以感谢他在“河洛古国——双槐树遗址”的发现、研究、认定过程中所做的重大贡献。

曹慧贞河洛剪纸技法多样（图 6–24），常用的纹饰有锯齿纹、螺旋纹、月牙纹、贯钱纹、雀椽纹、盘长纹、水滴纹、太阳纹、方胜纹等多种，突出了洛汭人特有的灵性和聪慧。

图 6–23　李伯谦教授接过含义深刻的剪纸作品

图 6–24　曹慧贞河洛剪纸技法多样

曹慧贞积极开展河洛剪纸非遗进校园活动，多年担任郑州商学院第二课堂的讲师，已将剪纸艺术传授给了几百名学生（图 6–25）。

图 6–25　郑州商学院第二课堂的学生剪纸展示

第四节　鲁班锁——华夏古老的精良制造

鲁班锁，民间也称作孔明锁、八卦锁。传说春秋时期，鲁国工匠鲁班为了测试儿子是否聪明，用 6 根木条制作一件可拼可拆的玩具，叫儿子拆开。儿子忙碌了一天，终于拆开了。这种高智商玩具后人称作鲁班锁。

鲁班锁主要原理是在不用钉子的情况下，将基本构件采用凹凸结合的连接方式，交叉固定在一起，称为榫卯结构［图 6–26（a）］，凸出部分叫榫，凹进部分叫卯。榫和卯咬合［图 6–26（b）］，既可起到连接作用，又可有效限制构件向各个方向扭动。

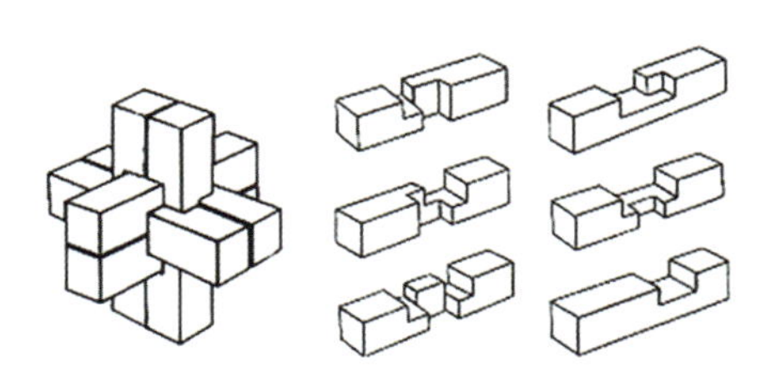

（a）鲁班锁构件

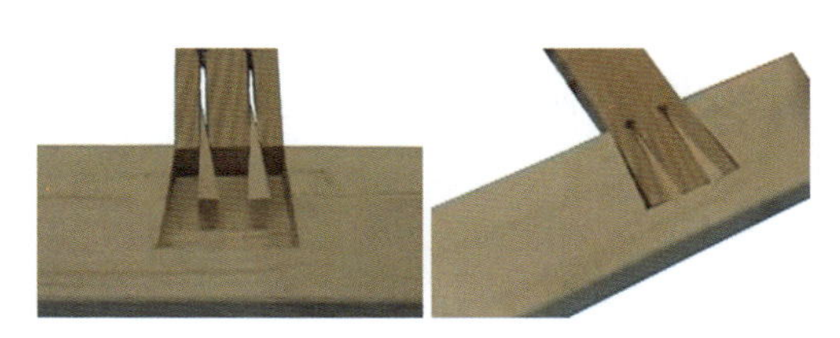

（b）榫卯咬合示意图

图 6–26　鲁班锁

鲁班锁看似简单，却凝结着不平凡的智慧，经过刨面、画线、打眼、切割和打磨等多种烦琐工序，用三维拼插，几何分割，使内部的凹凸部分咬合十分巧妙。如果没找到那个唯一的咬合关键构件，整个鲁班锁纹丝不动，根本拆不开；如果抽掉那根关键的木条，整个接合的木块也都散架了。鲁班锁依照不同榫形，用多种锁定方式，可以变出多种技艺，常见的有“六合榫”“七星结”“八达扣”等，充分体现了榫卯艺术的奥秘与趣味。

榫卯技艺代表着中华文明的科学与智慧，也是河洛文化不可缺少的组成部分。历史上巩义建筑和木工匠人遍布各个乡村，尤其是巩义的宋陵、康百万庄园、张祜庄园等古建筑，练就了一大批技艺高超的木匠。在手工业时代，榫卯结构的应用技巧一代代传承了下来，成为河洛地区的绝活。榫卯结构不仅用在建筑和家具上，2000多年以来流传下来的鲁班锁，也成为河洛地区的民间智能玩具。

图6–27　郑州市非遗项目代表性传承人证书

巩义鲁庄镇常氏鲁班锁技艺经过了100多年的传承，在第五代传承人常跃辰的努力下，创造了种类繁多的精巧智能玩具和建筑模型。2019年，常跃辰获得了“鲁班锁制作技艺”郑州市非遗项目代表性传承人证书（图6–27）。

常跃辰精心设计制作的颇具观赏性和实用性的工艺产品，深得人们青睐。作品“独木椅”［图6–28（a）］是由一整块木板制作而成的鲁班锁式小椅子，构思巧妙，携带方便，合是一块板，开是一张椅。作品“将军案”［图6–28（b）］运用鲁班锁原理接插咬合，可折叠，可拉宽，造型规整，威武庄严。

常跃辰将鲁班锁创造性地用方形条木和圆形条木制作出大小不等的花锤，形成六层花锤塔，令人称奇。常跃辰又将花锤作为组合机关，自上而下连接成四角亭子的框架，形成一座完整的中国古典亭式建筑，雄浑壮美（图6–29）。

（a）　（b）

图6–28　独木椅和将军案

图6–29　六层花锤塔和花锤四角亭

亭子底部采用环扣框架把四角的四通鲁班锁相连接，构成亭子的稳固基础。而四立柱通过底座四角的锁与上部的四个花锤相连接、相呼应，又在四个花锤上架起四根横梁，这四个花锤其中的两个锤头，便是每个花锤的机关所在。除此之外，这个亭子任凭怎么拆都拆不开。

鲁班锁花锤和底座的四通鲁班锁都可以拆装，若打开底部的机关，可以使亭子的底部与上面分离；若打开上部的机关可以使顶部与下面分离，可谓构思精巧、匠心独运。

亭子的顶部造型精致，四条脊的前段挑尖瓦棱凸起，如飞鸟栖息。正顶端用一个花锤统领全局来压顶，美观庄严，浑然天成。

图 6–30 会跳动的榫卯结构小袋鼠

常跃辰设计的玩具“袋鼠”（图 6–30），每个构件一改传统的几何形，创造性地把榫卯结构用在自由结构中，将每个部件巧妙穿插，活动机关设置在隐蔽处，利用头和尾部的重力使袋鼠前后跷跷板似地活动，这样袋鼠便会利用惯性向前跳跑。“袋鼠”形象生动活泼，栩栩如生，深受少年儿童的喜欢。

常跃辰作为郑州市非物质文化遗产代表性项目传承人，耐心地把鲁班锁技艺传授给对此感兴趣的人们（图 6–31）。不仅是儿童，连大人也带着好奇，不断翻转拉拽，寻找那根玄奥的机关。

（a）常跃辰现场教学拆卸鲁班锁

（b）小学生组装鲁班锁

图 6–31 鲁班锁技艺传承

鲁班锁蕴含着我国古代先进的科学知识与方法，凝结了博大精深的中华民族古典文化和人文智慧，展现了中华民族自古以来的精良制造。

第五节 福婆婆香包——乡村绣娘的秘籍

香包是华夏民族普遍喜爱的生活雅品，不仅喜庆好看，还具有避疫、祛邪、保健、养生等香疗功效。屋里、车里、身上，若是放一个香包，能散发丝丝清香，沁人心扉，令人心旷神怡。

民间有“戴个香草袋，不怕五虫害”的谚语。农历五月初五这天，很多地方称作“毒日”。天气转盛，蚊虫滋生，百虫出动，因此，端午节时，有些人家屋门口悬挂艾叶、给小孩子佩戴香包，希望能够驱虫辟邪。

巩义市非物质文化遗产、小关镇龙门村福婆婆香包，已有近 200 年历史。第七代传承人韩竹枝，虽已 86 岁高龄，但仍然精神矍铄，带着第八代传承人康彩虹和李红丽，为传承民间艺术和赓续红色文化，采用传统配制中药香草的秘法，选用上等绸缎，以党建带妇联的形式，用乡村绣娘纯手工缝制技艺，把家族传承的秘籍变成全村妇女的致富途径。

图 6–32 平安香包

平安香包（图 6–32）长 8 厘米，宽 4 厘米，寓意四平八稳，一面绣“平安”二字，另一面绣“福”字，取其“平安就是福”之意；上方的两朵祥云，意为吉祥、好运；下方有两个如意相交，表示事事如意；色彩为民间常用的喜庆红和富贵黄；长长的流苏，寓意好运长长久久。

龙门锦鲤（图 6–33），取其鱼跃龙门的含义。龙是中华民族的图腾，是中国精神的化身。鱼跃龙门，年年有余，取之谐音，寄予美好意愿。

福婆婆香包的鱼，各种花色都有，但只有金黄色丝绸做的，才能称为“龙”；也只有龙门村的金色鲤鱼，才能跃龙门。这自豪，是龙门村人祖上传下来的！

石榴，寓意多子多孙，家业兴旺，笑口常开。结合习近平总书记“我们要像石榴籽一样紧紧抱在一起”的谆谆教导，龙门村的巧手绣娘产生了新的创意：只有抱团发展、团结协作，才能够石榴花开日日红（图 6–34）。

蝴蝶，是小关镇蝴蝶谷景区的名片。蝴蝶象征了自由、美丽，是幸福、爱情、吉祥、美好，同时也代表蜕变，代表从努力走向成功的升华。龙门村绣娘抓住自己身边的文化旅游元素，制作出飞舞的蝴蝶香包（图 6–35）。

绣球，呈球状，寓意为团团圆圆，象征着家庭幸福、和睦团结，更有幸运、吉祥之意，也是爱情信物，古代大户人家的女儿，就采用抛绣球的方式来选夫婿。第八代传承人李红丽的绣球香包（图 6–36），富贵喜庆，造型优美，色彩协调。

图 6–33　**龙门锦鲤**

图 6–34　**石榴花开**

图 6–35　**丝绣蝴蝶**

图 6–36　**绣球香包**

图 6–37　**长命锁**

长命锁是中国传统的吉祥物，是民间小孩子戴的一种护身符，寓意为辟凶趋吉，借百家之福，锁住孩子，让孩子平安长大，长命百岁，表达的是长辈对晚辈的祝福。

这件长命锁香包（图 6–37），上端提绳为中国结，民间传统叫“富贵不断”。长命锁为心形如意，寓意心想事成。下面配以铃铛，寓意“生生不息”。长长的流苏，赋予香包玲珑飘洒。香包内装防疫香草朱砂、雄黄，配以五彩色，具有驱邪、避瘟、迎吉、防五毒之作用。古老的民俗工艺，寄托了绣娘们避灾、祈福的朴素心愿。

图 6–38　**留余算盘**

留余算盘香包（图 6–38）以巩义康百万庄园景区的算盘为灵感来源，深刻理解豫商文化的精髓，并创新性地去掉算盘两串头珠，把香包的一个角绣上康家屋脊山花万字符，意为要账不要算那么足，要给客户留余。让利于别人，生意才能做得长久。

福婆婆香包不但传承了老样式，还突破传统发展新的技法和造型，用毛线编织或钩织，突破“包”的传统概念，制作出人物造型（图 6–39），使传统的香包更加丰富多彩。

龙门村紧跟时代步伐，把思想教育融入香包，把红色文化与传统文化有机结合，通过对香包色彩、造型、图案的创新，传达时代的最强音（图 6–40）。

图 6–39　百年好合

图 6–40　红色文化传承

此外，福婆婆香包还以小动物、植物为原型（图 6–41），着力表现动物的灵巧与可爱和植物的灵性，把人与自然和谐相处的主题刻画得惟妙惟肖。

（a）这个家我为王

（b）马到成功

（c）双鱼团圆

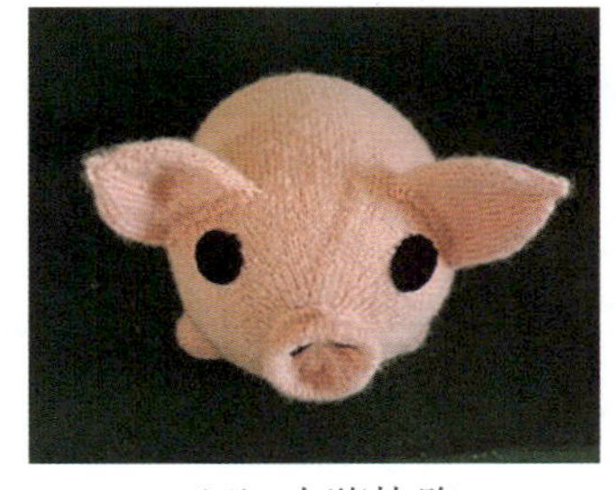

（d）小猪快跑

（e）生活像花一样

（f）萝卜娃娃

图 6–41　以动植物为原型的香包

龙门村福婆婆香包以传承中华传统香包文化为基础，融地方特色文化之魂，辅以中华文化的美好寓意，展示出香包文化的精美和灵气。

【达标检测】

1. 用剪纸或绘画的手法表现自己家乡的年节习俗。
2. 谈谈我国古代工匠精神对你专业学习的启发。
3. 找一些旧衣服或碎布头，试着做一个别致的小香包。

第七章 洛汭古今名人

【学习目标】

了解巩义古今名人的事迹，感悟洛汭地区人杰地灵的辉煌。

【思政要点】

名人事迹中闪光的部分，洛汭名人聚集的自豪感。

【知识拓展】

微信扫描二维码获取

古洛汭作为中华文明最早的承载地，自古以来名人辈出，这里有春秋时期的大学问家，有战国时期的外交家，有汉武帝身边的财政大臣，有我国悼亡诗的开创者，有世界最早的区系植物学家，有世界知名的唐代大诗人，有清末民初巩县工业的奠基人，有爱国爱民的人民艺术家，有回馈桑梓一心办学的教育家，有众多的当代文化人，有民俗文化研究至深的乡贤学者，有执着追求的非遗传承人……

第一节 程本——与孔子倾盖如故

我国大儒学家孔子人人皆知，但是鲜有人知在巩义米河镇程寨，曾有个与孔子同一时期、深得孔子敬重的大学问家程本。

程本，字子华，是历史著名事件“赵氏托孤，程婴救赵”中忠臣程婴的孙子，也是北宋理学家程颢、程颐兄弟俩上溯 80 代的祖先。与孔子同时代的程本，学识渊博，著书带徒，闻名诸侯各国，孔子赞誉他为“天下贤士”。

一次，周游列国的孔子在郯城的官道上，遇到了外出游学的程本。素未谋面但久闻大名的两人，路途相遇互通姓名后，便勒马停车，各自掀开车帘，坐在马车上、身伏栏杆交谈。

两人一见如故，相谈甚欢，“倾盖而语终日”，谈了许久，车上的伞盖都碰在了一起。他们由“易”谈到“道”，由“道”谈到治国经世和宇宙人生。程本把自己研究的成果毫无保留地讲给孔子听，孔子也把自己的研究心得告诉程本。一圣一贤，两位大学者切磋交流到夕阳西下。孔子与这位知己依依惜别，并让学生子路“取束帛十匹赠与先生”。“程孔倾盖”从此成了历史上一段佳话，也有了“一见如故，相谈甚欢”的成语。

程本一生与世无争，不会应酬，直来直去，不肯就仕。程本年老时回归故里隐居，在巩县东部山清水秀的石臼泉授徒讲学，著书立说。河洛地区许多人慕名前来拜程本为师，就连有些国君遇到疑难之事也前来求解。程本的名声越来越大，一时间，石臼泉成了河洛地区的一方圣地。至今，泉眼及其大石臼被程家一代代后人保护完好，2500 年来泉水仍然清可鉴人。

程本去世后，门人弟子把他散佚著作缀连起来，又增写了平日点滴，共 24 篇，汉朝时苇编简断，经重新整理，定名《子华子》流传至今。

程本继承了河洛文化的基本理论，认为《易》《周易》太极学说所阐述的构成宇宙万物和生命的原始物质就是“气”，宇宙之始，一片混茫，是名太初。实生三气，上气曰始，中气曰元，下气曰玄。这三者互为依托，通三而为一，离之而为两，这个“两”就是阴阳二气。由于阴阳二气的变化而使万物化生，新而不穷，生生不息。因此，阴阳二气的变化是天地万物消长的共同法则。在当时条件下，程本能有这样的朴素辩证法观点，是和他深刻领会《伏羲易》《周易》的内涵分不开的。

第二节 苏秦——从落魄书生到身挂六国相印

苏秦，字季子，巩邑苏家庄（今巩义鲁庄镇苏家庄）人，战国时期的纵横家、外交家和谋略家。

苏秦从小就有志气、有理想、有抱负、不安于平庸。苏秦早年师从鬼谷子，学习治国经世之术和易学理论。学成后，他到各国去游说方略，但无人听信，失败而归。形容枯槁、穷困潦倒的苏秦回到家，妻子不迎、父母不理、嫂嫂讥笑，苏秦感到无地自容。但是他没有因此消极颓废，而是认真总结经验教训，找到自己失败的原因，即“没有把书读好读透”。于是，他闭门不出、发奋读书，困了想打盹，就“引锥自刺其股，血流至足”，以此来驱赶睡意。这就是有名的“头悬梁，锥刺股”中的典故之一。

苏秦苦读一年，又揣摩出一套可以打动诸国国君治国之道之后，决心再次出去闯荡一番。但是路费不够，苏秦就把自己游说国君的设想讲给弟弟苏代和苏厉听。精彩的内容打动了两兄弟，竟也想走哥哥这条路。于是兄弟俩凑钱给苏秦做路费。送走哥哥后，兄弟俩在家按照哥哥的指点，也如饥似渴地学习兵法和易学，后来都成了有名的谋略家。

苏秦先去洛阳拜见了周王，东周满朝文武不听其谏。苏秦又到咸阳游说秦王，这时候秦惠王刚杀了商鞅，特别憎恶游说之士，对苏秦出言不逊，苏秦悻悻离开秦国。

之后，苏秦以自己的聪明才智和雄辩的口才，摆事实，讲道理，先后说服了燕、赵、齐、魏、韩、楚，使六国歃血为盟，合纵抗秦。大家公推苏秦为“纵约长”，挂六国相印，专门办理合纵的外交事宜，使秦国 15 年不敢出兵函谷关。

苏秦的两个弟弟受哥哥影响很大，也随其志走上纵横之路，成为名士，在诸侯国间显赫一时。三兄弟死后，都葬在家乡巩义。原有苏代、苏厉墓早已不见，而位于巩义西南方向的鲁庄镇向北 4 公里苏家庄的苏秦墓保护较好。

第三节 桑弘羊——从术数神童到财政大臣

巩义鲁庄镇桑家沟，环境优美，人杰地灵，曾是春秋时期滑国的国都所在地。西汉时期的神童理财家桑弘羊，就出生在这里。如今的桑家沟不仅有桑弘羊墓，也世代流传着桑弘羊的故事。

桑弘羊的父亲是巩县大商人，家中非常富有。桑弘羊从小聪明伶俐，又受到良好的启蒙教育，读书过目不忘，帮助父亲算账从来不用算筹，而是心算。不管父亲说出多少数目，他都能很快回答出来，被乡亲们称为“神童”。

有一年，父亲去京城长安经商，本想带上桑弘羊让他开开眼界、见见世面，谁知到了京城，桑弘羊表现出的聪明才智令人惊奇，深得朝野人士的赏识。消息传到皇宫，汉武帝便想亲自试试这个小神童。13 岁的小桑弘羊见了皇帝不慌不忙，不卑不亢，对答如流。汉武帝非常喜欢他，就封他为侍中，整天跟着自己。桑弘羊非常好学，平时认真读书，也特别关心朝野大事，尤其是关心国家的经济政策，汉武帝的雄才大略也影响着他的成长。

汉武帝中年时期，战争不断，连年灾荒，国库一度空虚。桑弘羊研究了历代的经济政策，结合当时情况，向汉武帝提出了一系列经济改革建议。

一是实行禁权制。将盐、铁、酒、矿山等获利颇多的经营权收归官有，不准私营，完全由国家垄断，保证了国库收入。

二是实行均输法。中央设均输官，由他来统一管理。均输官到各郡收购物资，再运到售价较高的地方销售，或运至长安入库待销。

三是改贡钱为贡物。各郡国由原来向中央交钱改为进贡实物，有用的留下入库备用，无用的在行市卖掉，卖的钱进入国库。

四是创立平准法。中央设平准官，总管均输官转运来的各地的货物，市场物价低时买进，物价高时卖出，以平抑物价，调剂有无，防止不法商贩囤积居奇，引起市场混乱。

但是这些改革措施遭到了多数大臣的反对，因为那些大臣有亲属经营着盐、铁、酒和矿山。朝廷上，桑弘羊舌战群臣，发出了著名三问：

①维持大汉帝国的运转，光靠农业税收根本不够，如果不执行这些制度，钱从哪来？

②匈奴连年骚扰，再遇战争，或者灾荒，国库却空空如也，怎么办？

③如果中央财政控制不了地方优势，地方势力就会越来越强大，一旦起兵造反，怎么办？

在他的说服下，他的经济政策得到汉武帝的允许并组织推行，大臣们无话可说。桑弘羊不愧是一个理财专家，没过几年，汉王朝的经济又一次腾飞。经济繁荣支持了汉朝的扩张，也使汉武帝风光无限，桑弘羊更加被汉武帝重用，官至仅次于丞相的御史大夫。

桑弘羊提出的经济改革措施，为之后的许多朝代所效法和借鉴。盐铁官营虽然随着各朝各代国力经济的盛衰而起伏，但是桑弘羊的经济理论仍然对强国富民、平抑物价、宏观调控等具有一定的借鉴意义。

很可惜，这样一个难得的人才，晚年时卷入了宫廷斗争的旋涡，最终被杀了头灭了族，葬于故里桑家沟。桑家沟从此再也没有姓桑的，据说桑姓远亲都逃到南方去了。

第四节 潘安——文、德、情、貌皆美

千百年来，人们说起美男子，总是用“貌似潘安”作比喻。潘安本名潘岳，字安仁，民间都叫他潘安。潘安祖籍中牟，是西晋著名的文学家和政治家。潘安童年时跟随做官的父亲在巩县生活，少年时又随父迁往洛阳，长大后做过河阳（孟县）县令和怀县（武陟）县令。潘安一生到过许多地方，唯独对巩县感情最深，曾在诗文中多次表示巩洛之地是其旧乡。老年潘安将父亲葬在巩义，自己也留下遗嘱，死后要陪父亲守在第二故乡的土地上。

潘岳墓在巩义西南方的芝田镇北石村罗水东岸。罗水是洛河的支流，此处视野开阔，岭不高而秀雅，水不深而清澈，地不广而平坦，林不大而茂盛。潘岳墓选址犹如潘安的容貌和性情、人格和才华——尚美。

潘安青少年时，貌美如玉树临风。当他乘车行驶在洛阳街道上，这位才华横溢、风流倜傥的美男子吸引了众多女子的目光，姑娘们纷纷往他车子上扔果子，常常使他满载而归。打开现代的汉语成语词典，“掷果盈车”指的就是这个典故。

潘安不仅相貌出众，而且爱情特别专一，尽管有那么多的女子喜欢他，但是潘安从不拈花惹草。他 12 岁定亲，29 岁完婚，和未婚妻 17 年两地相思，忠贞不移，婚后 20 多年相濡以沫，感情笃深。

潘安文采非凡，诗赋有名，被誉为晋朝文学大家。最让人啧啧称赞的是他为亡妻写的《悼亡诗》，诗歌细腻地描述了诗人的丧偶之痛，笔墨纸间，深情流注，哀婉凄凄，开创了我国悼亡诗的先河，成为我国文学史上的名篇。

潘安不仅心灵美，还特别喜爱环境美。在当河阳县令期间，他让百姓在大街小巷都种上绿树红花，自己的县衙院子里也是花圃曲径，被誉为“河阳一县花”。

潘安还利用环境美化解仇恨。有一次，两个仇人打官司，潘安先不断案，而是给两人一人一个尖底水桶让他们去浇花。县衙院子里的花圃很大，每人手里拎着盛满水的尖底桶都不能平放歇息，一趟一趟，累得两人实在受不了，只好合作抬水，在合作中尝到甜头，懂得了一个道理：人生在世，“和”方能“顺”，顺则成功。打官司的两个人看着美丽的花圃，想着合作的愉快，慢慢心也平了，气也消了。当浇完花，两人的矛盾早已烟消云散。于是，这世上便留下了“浇花息讼”的成语。

第五节 嵇含——世界上可考的第一位植物学家

嵇含，巩县亳丘（今巩义鲁庄）人，西晋时期的大臣，竹林七贤嵇康的侄孙，著有《南方草木状》，把我国南方以及越南的主要植物分属草、木、果、竹四大类，比西方植物学专著要早 1400 多年。

嵇含还是西晋著名文学家。嵇氏家族以文名世，辈辈受书香门第的熏陶。嵇含少年谦虚好学，在屋门上书有“归厚之门”，在房间墙上挂有“慎终之室”，时时鞭策自己，终成为品学兼优之人。嵇含入仕为官待人谦和，著文写诗颇有文采，其五言诗《登高》《悦晴》《伉俪》，诗风委婉，清丽秀雅，被称为五言诗的典范。

嵇含 27 岁投身军旅，但不忘文化学习。听到军中有人讲岭南的一些草木，嵇含就随时把它们记了下来，最后整理成书，形成植物专著。

《南方草木状》全书共分上、中、下三卷，介绍的植物分草、木、果、竹四大类 80 种，其中除记载了药物外，还记载了一些食物，如荔枝、龙眼等。书中所记述的种类虽与繁多的南方植物相比相距甚远，但具代表意义，在很大程度上充分反映了南方植物的特色。南朝齐、梁时期陶弘景的《名医别录》、北魏贾思勰的《齐民要术》、明代李时珍的《本草纲目》，都受到嵇含《南方草木状》的影响。

《南方草木状》中还详细记录了江浙一带“花雕嫁女”的风俗。绍兴人生了女儿后，便会大量酿酒，等到冬天池塘里的水干枯后，将盛酒的坛子密封好，埋在池塘中。到春夏池塘有了积水也不将酒挖出来，只等女儿长大出嫁时，才将酒从池塘挖出。经过一二十年地下窖藏，花雕酒色泽清冽，味道纯美，专门用来招待双方的客人。这种风俗就叫作“花雕嫁女”，在江南非常流行。一个生长在北方的军中汉子，能够细腻地记录南方风俗，可见嵇含对知识的渴求和善于积累的习惯。

东晋著名医药学家葛洪比嵇含小 24 岁，二人是忘年交。葛洪曾在《抱朴子》一书的序言里谈及自己和嵇含相遇又相知的人生经历，称赞嵇含“一代伟器”“摛毫英观，难以并驱”。

嵇含死后，后代将他葬在家乡，因战乱，坟墓早已不见。1991年，巩义市文物考古部门根据民间传说，对嵇含故里进行文物发掘，在一口旧井里打捞出一块“晋嵇武乡侯故里”碑，并运用现代文物钻探技术，在早已被夷为平地的“嵇家坟”，发现了两座晋代古墓，依此在鲁庄镇建起了嵇含墓冢，立起了石碑，以纪念这位伟大的植物学家。

第六节　杜甫——从洛汭走出来的世界级伟大诗人

唐代大诗人杜甫，出生于洛汭之地巩县站街镇南瑶湾村。杜甫青少年时家境优越，过着无忧无虑且安定富足的体面生活，5岁之前生活在巩县，母亲去世后跟着姑姑在洛阳读书。他自幼好学，7岁能诗，“七龄思即壮，开口咏凤凰”。他性格活泼，略有顽皮，在诗中自述“庭前八月梨枣熟，一日上树能千回”。

杜甫15岁时回到巩县小住，19岁出游郇瑕（今山西临猗），20岁时漫游吴越，24岁又回巩县参加“乡贡”，后在洛阳参加进士大考，不中，遂与朋友一起漫游齐赵，快意作诗，其中流传的千古名句：“会当凌绝顶，一览众山小”，抒发了杜甫当时心中的凌云之志。

32岁那年，杜甫在洛阳与李白相遇相识，两人相约同游梁宋（今河南开封、商丘一带）。第二年，杜甫与李白在山东济南再次相见，二人饮酒赋诗，畅谈人生。之后，两人再也没有见过面。

杜甫35岁时，唐玄宗诏天下“通一艺者”到长安应试，杜甫也参加了考试。由于主考官李林甫编导了一场“野无遗贤”的闹剧，参加考试的士子全部落选。科举之路行不通，为实现自己的政治理想，杜甫不得不转走权贵之门。他客居长安10年，奔走献赋，但杜甫正直的性格，与当时官场格格不入。杜甫仕途失意，郁郁不得志，过着贫困的生活，“举进士不中第，困长安”。

终于，机会来了。39岁这一年，唐玄宗预备举行祭祀太清宫、太庙和天地的三大盛典，于是杜甫献上三篇《大礼赋》，得到唐玄宗的赏识，安置在集贤院等待分配做官。按说，被皇上看中，官职不会太小。可是，偏偏管分配的人又是李林甫，所以仍然没有得到官职。

43岁时，杜甫被授予一个河西尉这种小官，但他不甘心，写下了“不作河西尉，凄凉为折腰”的拒言。于是，朝廷就改任他为右卫率府兵曹参军（负责看守兵甲器杖，管理门禁锁钥，官职很低）。杜甫因年已见老，到长安也十年有余，为了生计无奈接受了这个所学无用的职务。

上任不久，杜甫前往奉先（今陕西省蒲城县）探家省亲，刚进家门就听到哭泣声，原来小儿子饿死了。杜甫悲痛至极，结合在长安10年的感受和沿途见闻，写成著名的诗篇《自京赴奉先县咏怀五百字》，无情揭露“朱门酒肉臭，路有冻死骨”的社会现实。

很快，安史之乱爆发，杜甫时刻关注着时局的发展。他见到许多流离失所的老百姓，为民不聊生而痛心，于是写下了散文《为华州郭使君进灭残寇形势图状》和诗歌《乾元元年华州试进士策问五首》，建议减轻人民负担，为剿灭安史叛军出谋献策。当讨伐叛军的劲旅——镇西北庭节度使李嗣业的兵马路过华州时，他写了《观安西兵过赴关中待命二首》的诗，表达了强烈的爱国热情。

安史之乱后，杜甫效忠唐肃宗，被授为左拾遗，故世称“杜拾遗”。后来，杜甫因疏救房琯触怒肃宗，被降职，从此唐肃宗对杜甫不再重用。

杜甫46岁那年，到洛阳探亲。返回途中，他见到战乱给百姓带来的无穷灾难和人民忍辱负重从军参战的离别之情，感慨万千，便奋笔创作了不朽的史诗“三吏”（《新安吏》《石壕吏》《潼关吏》）和“三别”（《新婚别》《垂老别》《无家别》），深刻反映了当时的社会现实和人民的疾苦，表达了杜甫对人民的同情和关怀。

有一年，关中大旱，杜甫写下《夏日叹》和《夏夜叹》，咏叹国难民苦。这年立秋后，杜甫因对污浊的时政痛心疾首，而放弃了华州司功参军的职务，几经辗转，最后到了成都，经严武等人的帮助，在城西浣花溪畔建成了一座草堂，世称“杜甫草堂”。后经严武推荐，杜甫官任检校工部员外郎，做了严武的参谋，故后人又称杜甫为“杜工部”。

作为一个忧国忧民的诗人，杜甫在官场上不会阿谀奉承，根本不适宜做官，不久杜甫又辞了职。许多年来，杜甫寄人篱下，生活艰苦。在秋风暴雨之中，杜甫的茅屋顶被吹开，满屋漏雨，儿嚎妻叹，令杜甫彻夜难眠，为此他写下了《茅屋为秋风所破歌》，从自己的境遇，想到了广大老百姓的疾苦，即使自家这么糟糕，仍为广大劳苦百姓大声疾呼“安得广厦千万间，大庇天下寒士俱欢颜”。在杜甫现实主义诗风里，这一句却是如此具有浪漫主义色彩，充满了对美好生活的向往，响彻了历史，响彻了世界。

不断的战乱，使杜甫的晚年更为不幸。在颠沛流离中，杜甫受尽了苦难。59岁这年，杜甫在湖南岳阳的一条小船上去世。

杜甫在他的有生之年以及他去世后的几年，诗歌作品没有受到太大的重视。几十年后，人们才开始认识到，杜甫是一个伟大的诗人！到了宋朝，人们对杜甫有了更加深刻的认识。杜甫的诗具有丰富的社会内容、强烈的时代色彩和鲜明的政治倾向，真实深刻地反映了安史之乱前后政治时事和广阔的社会生活画面，杜甫的诗是一代“诗史”，宋代大文学家苏轼赞誉杜甫：“古今诗人，独为首者！”

尽管杜甫一生坎坷曲折，历尽磨难，但他没有消沉，没有止步。他的忧国忧民的情怀，他不与奸佞同流合污的刚正品格，与他的诗歌一起，成为中华民族的精神财富。

杜甫不只在中国名垂千古，还扬名海外，很多外国作家很喜欢杜甫的诗歌。

可以说，从古洛汭走出来的杜甫，不只是属于巩义，也不只是属于中国，他属于全世界，属于全人类！

第七节 牛凤山——武状元名不虚传

本书第四章提到的牛状元牛凤山，祖上门第显贵，为商汤后裔。两千多年来，牛姓分布全国和世界各地，家族体系清晰，族谱记载明了。尤其是元朝时以“十八打锅牛”故事沿袭的牛氏家族，成为牛川支系的世序纽带。延续至牛凤山，已是打锅牛的第十六代了。

牛凤山的祖父牛巨川，精通医道，在荥阳、巩义一带行医治病，口碑颇好，被称为儒医；清代嘉庆年间，牛凤山兄弟四人先后出生于明月坡（属今巩义站街镇官殿村）。牛巨川经常教育后代“前人之业苟得其一，即可名世。”意思是说：“咱们家前人传下来的技艺，能继承一种，就可以留名于世了。”

牛凤山在父亲和叔叔的教育和培养下，在哥哥们的影响下，从小就练习弹射、投掷之功。

那时，家境贫寒，常常食不果腹，牛凤山小小年纪，白天背煤卖煤，夜间苦练苦学，习文练武，不避酷暑，不畏严寒，坚持不懈，起早贪黑，从不间断。

白天，他弹射房檐下的椽子头，从那头到这头，从这头到那头，一遍一遍一根一根地练射，直到根根射中。黑夜，他在百步远的地方，插上一排四五十根点燃的香，再用弹丸射击香头火，香头火射灭了，复燃再射，反复点燃、射击，苦练不已，最终达到技艺高超。

明月坡庄前有条河，河水清莹。牛家和邻村的人，不管人吃还是喂马，所用的水，都靠人担、牲口驮。牛凤山十几岁时，一天，带着弹弓回家，正好碰见和他同年龄的邻村许某担着两瓦罐水走在他的前边。他一时兴起，开弓对着水罐射了一弹，水罐被射个对穿，水流了出来。许某急回头说："山哥，真不敢乱射呀，一会儿水都流完了。"他说："不用怕。"话音未落，弓弦一响，两弹飞出，刚好将两孔塞好，水一滴也不漏了。许某惊呼："凤山哥，你是神仙下凡？射得咋恁准哩。"他弹射之准，力道运用之妙，事之神奇，百余年来一直在当地传颂。

随着年纪越来越大，力气也不断增大，青年牛凤山把少年时练功的200斤掷石埋起来不用，而是换成了300斤的更大掷石。2013年，牛家后人曾在窑前挖出埋在土堆下的"掷石"，几个人都抬不动，可见牛凤山平时付出了多少千锤百炼的苦功。

道光年间，牛凤山参加武试。进入射技比试，由监考官把一百个小铜钱整整齐齐摞在瓷盘中央，由各武举人射试。条件为："射距一百步，连射击百次，每弹射出铜钱一个，要百发百中，瓷盘完好无损。"在比试中，有的一弹射出3个或5个，有的甚至把整摞铜钱打翻。监考官传宣牛凤山试射，只见牛凤山走出百步，停足挽弓，潇洒自如，他快似电火，连射九十九弹，弹摧钱出，最后，只留一枚小铜钱，稳卧盘心。在场人员，无不因为这一枚小铜钱而替牛凤山提心吊胆。但见他的弓背略微一动，弦响弹出，盘底铜钱微见一闪，飞出盘外，瓷盘完好，丝毫无损。满堂文武，无不为之瞠目结舌。监考官惊喜高呼："百发百中，盘中取果！"为进一步测试牛凤山弹射技艺，监考官取小铜钱两枚，一枚涂红色，一枚涂绿色，绿色铜钱放盘心，红色铜钱放盘边，要求弹射盘边红铜钱，红铜钱必须冲出绿铜钱，而红铜钱要稳留盘心，并且要求连射3次，不得虚发。牛凤山以马步站稳，以回头望月式，连射3次，弹无虚发，每次俱中，场中人等惊叹之态，莫可名状。监考官无比兴奋地高呼："牛凤山三发三中，凤凰夺窝！弹不虚发，射授优秀！"

那时夺魁考试，除十八般兵器外，还要与虎决斗，以测智勇。而出身豪门或者有靠山之武举，往往买通主考与饲虎人员，以酒或药物将虎麻醉，以便制服猛虎。牛凤山家境寒苦，但人穷志不短，决心依智勇取胜。监考官一宣告开始，猛虎出笼，虎视眈眈，态势吓人，在场官员个个触目惊心。牛凤山一入场，猛虎一跃，离地八尺多高，向他扑来，他则弓身跨步，在虎腹下窜跃而去，快如闪电，简直让人看不清他是怎样避开猛虎的抓扑的。十几个来回后，他在猛虎扑跳的一瞬间迅疾跃身猛虎腹下，一手紧扣虎脖，一手牢抓虎腹，大喝一声，将猛虎甩出一丈多远，虎一落地，他飞跃而至，一手按压虎头，一手抡拳猛打，直到猛虎呼呼喘气不再挣扎，方始罢手。监考官则高声宣呼："牛凤山智勇双全，降服猛虎。"

皇上亲测时，牛凤山拼力一搏，不但拉开了12力的硬弓，还一举拉开了尘封已久的号外弓。道光帝大喜，除当场定牛凤山为武状元外，还额外加封了二品武功将军衔，成为清朝109位武状元中授衔品级最高的及第者，为河洛地区带来了骄傲。

武试拔了头筹，牛凤山从此飞黄腾达，牛氏家族开始了翻天覆地的变化。

第八节 李显白——巩义工业的奠基人

李显白（1869—1912 年），巩义回郭镇东庙村人。晚清时期，朝廷腐败，闭关锁国，使国家内忧外患，饱受欺凌。作为乡试生员的青年李显白目睹这一切，心中产生救国救民的志向。李显白受维新思想影响，积极推行教育救国、实业救国，以“拯救中华，服务桑梓”为己任，立志在家乡办好三件事：①革新教育，创办新式学堂；②发动乡亲们在南坡荒地栽种柿树，增加乡亲们经济收入；③在洛河滩开挖水渠，引洛水灌溉农田。李显白四处筹资，于 1905 年（清光绪三十一年），在回郭镇东大庙创办“巩县速成工业学堂及实习工厂”，开设机械纺织、化工、印染、国文、历史、地理、音乐、体育等课程；实习工厂招收学徒工，学习染布、织毛巾、制作肥皂等。这所巩县最早的工业学校，办学模式与世界知名的德国包豪斯设计学院办学模式惊人地相似，但是，李显白的工业学堂却比 1919 年建校的德国包豪斯设计学院要早 14 年，可见李显白当时的教育思想、教育理念的先进程度。随后李显白又创办了“复新学校”，当时招生范围包括周边洛阳、偃师、登封、临汝、孟津、焦作等地，有不少学子前来求学。学堂采取理论联系实际的教学方式，快速育才，大有奇效。

工业学堂为地方产业发展源源不断输送了大量优秀的技术人才，也为当地培育了十分浓厚的工业意识和奋斗精神。当年巩县半数以上的创业者都有在工业学校学习的背景，很多家庭一代一代传承着工业制造的韧性和灵性。之后几十年间，回郭镇纺织印染业的兴起，卷烟业的昌盛，新中国成立后工业体系的重塑，社队工业和乡镇企业的蓬勃发展，以及改革开放后以回郭镇为主力的巩义辉煌的工业成就，都与李显白清末民初创办工业学校打下坚实的人才基础是分不开的。

至今令回郭镇人骄傲的是，目前在全国享有盛誉的新郑烟草集团就诞生于回郭镇，后因种种原因搬至新郑。在 20 世纪 40 年代末，回郭镇个体私营经济已相当红火，发展成了远近闻名的物资集散地，有“小上海”之美誉。到了二十世纪六七十年代，回郭镇成为“中国乡镇企业的发源地”。江苏无锡县（今无锡市锡山区）工业发展史中写道：“我们的乡镇企业，是从学习回郭镇经验开始的。”开创民营经济先河的温州企业家们也说：“是巩县回郭镇勇当马前卒，冲开了一条经济快速发展的道路。”

可惜的是，李显白先生大力创办教育，在扩大学堂充盈办学经费上，遭到地方守旧派的极力反对和仇恨，他们勾结黑恶势力，将李先生绑架至洛河滩残酷杀害。李显白先生罹难，年仅 43 岁。

第九节 常香玉——了不起的人民艺术家

在全国，很多人都知道大名鼎鼎的爱国艺人、人民艺术家、豫剧名角常香玉，却不知道她是哪里人。

常香玉（1923—2004 年），原名张妙玲，出生在巩县北部洛水边的南河渡村一孔破窑洞里。张妙玲从小受父亲影响，爱好唱戏。9 岁的时候，懂事的小妙玲看到家里穷得经常揭不开锅，为了减轻家里负担，又不想掂着碗四处讨饭，就提出外出拜师学戏。在旧社会，人们认为唱戏是下九流的行业，尤其是女孩儿家唱戏，一族人都会被人看不起，因此遭到张氏大家族的强烈反对。但是，这个喝着洛水长大的倔强女孩儿非要学戏不可。父亲为了支持她，就想了一个办法，把她送给一家开小饭馆的常姓夫妇，用迂回曲折的办法摆脱了家族的羁绊。张妙玲改名为常香玉从此大胆学起了豫剧。

常香玉年纪虽小，但是能吃得住学戏练功的苦。在洛汭受到父亲的启蒙后，她来到开封拜师。常香玉 10 岁登台，13 岁在开封演《泗州城》崭露头角，后随戏班子辗转西安，15 岁饰演《西厢》中的红娘，唱红西安城，西安人称她为“豫剧皇后”。

新中国的成立，使常香玉这样的艺人不再低人一等。常香玉内心特别感激党，感激伟大领袖毛主席，特别热爱社会主义新中国，特别珍惜来之不易的幸福。

1950 年，抗美援朝牵动着全国人民的心。当看到美国飞机在朝鲜上空肆意轰炸、我们的志愿军牺牲惨烈的新闻报道时，常香玉心急如焚，产生了大胆的想法：义演筹钱，捐献飞机！这个想法让擅长写剧本的丈夫很感动，也很佩服。随即，丈夫陈宪章为妻子常香玉量身定做编写《花木兰》剧本。常香玉发出几十封信，邀请徒弟们前来排练。他们把开封作为义演的第一站，半年时间跑遍大江南北，义演 180 多场，筹集资金 15 亿元人民币（旧币），捐献给国家购置了一架战斗机。经各大报纸宣传后，引发了全国人民为抗美援朝捐款、捐物的高潮，从小朋友的零花钱到老人的养老钱，全国人民总计捐款 55650.37 亿元，当时可购买战斗机 3710 架，常香玉赢得“爱国艺人”的称号。

常香玉德艺双馨，视艺术为生命，“戏比天大”是她的座右铭。常香玉更懂得感恩，她感恩家乡，感恩党和祖国。遍历常香玉的善举，从 16 岁起到逝世前，常香玉爱国爱民的情怀一直是炽热的。

1939 年 16 岁，资助补修家乡巩义市南河渡经常漫堤的洛河坝。

1942 年 19 岁，在西安设粥棚救济河南灾民，并为灾民儿童建立两所学校。

1948 年 25 岁，在西安创办“香玉剧社”。

1950 年 27 岁，为西安救济灾民义演。

1951 年 28 岁，率剧社在全国义演 180 多场，受到了彭德怀、叶剑英等领导人的赞誉和鼓励。

1952 年 29 岁，为抗美援朝捐献一架米格 15 战斗机。

1952 年 29 岁，毛主席接见常香玉。

1952 年 29 岁，出席维也纳世界人民和平大会。

1953 年 30 岁，到抗美援朝前线进行多场慰问演出。

1958 年 35 岁，率团南下演出，慰问海、陆、空三军将士。

1959 年 36 岁，加入中国共产党，后多次被选为全国人大代表。

1964 年 41 岁，春节赴大庆油田慰问演出。

1988 年 65 岁，自筹资金设立“香玉杯艺术奖”，振兴豫剧事业。

1998 年 75 岁，率弟子登台演出，将 6 万多元收入全部捐给“河南省送温暖工程”。

2003 年 80 岁，“非典”肆虐，常香玉捐助 1 万元助力防治“非典”。

2004 年 6 月 1 日，常香玉“玉碎香飞”，在郑州病逝，享年 81 岁。

同年 7 月，国务院追授其“人民艺术家”称号。2019 年，被评选为新中国“最美奋斗者”。

为纪念这位洛水边长大、窑洞里走出的人民艺术家、爱国艺人，常香玉的家乡巩义市河洛镇修复了南河渡常香玉故居，修建了常香玉纪念馆，竖起了香玉坝纪念碑，以此表达家乡人民对常香玉的崇敬和怀念。

纵观人民艺术家常香玉的一生，她不但戏唱得好，更有一颗善良的心和满满的正能量。16 岁，还是个孩子，就开始做善事、做大事。靠唱戏捐献飞机，一般人想都不敢想，但她在 28 岁时用半年时间就做到了。常香玉的大智大勇、大善大德，犹如她扮演的花木兰。

第十节 陈天然——从河洛之滨起飞的知名书画家

黄河洛水边长大的陈天然（1926—2018 年），是巩义河洛镇柏沟岭人。从一个农村小学教师，成长为中国著名书画家，这是陈天然人生的一个大飞跃。20 岁在家乡农村教学期间，陈天然参加中华全国木刻函授班学习木刻艺术。从那时起，他的艺术天赋崭露头角，在木刻、绘画、书法上飞速发展。陈天然 22 岁做报社美编；27 岁从事专业创作，木刻作品参加全国美展，并出展东欧各国；34 岁任湖北艺术学院版画教研室主任，作品入选法文版《中国现代木刻》，并被中国美术馆收藏；41 岁在河南省群艺馆和美术展览办公室工作，木刻作品赴瑞士展览。52 岁以后，作品多次参加全国美展和多国展览，屡次获得全国和国际奖项，作品荣登多种国家级刊物，并被中外多家美术馆收藏。陈天然历任河南省美协和书协副主席、河南书画院院长、一级美术师、中国书协理事、河南省人大代表、全国人大代表，享受国务院政府特殊津贴。

第十一节 王广亚——回馈桑梓的著名教育家

王广亚（1922—2015 年），著名教育家，巩义大峪沟镇海上桥村人。民国时期，王广亚曾在南京审计处任职，后移居台湾谋生。1967 年，他毕业于日本亚细亚大学经济系，1977 年获美国加州联合大学教育博士。

王广亚一生倾心教育。在台湾，他辞去公职创办私立学校，开始了在教育事业上半个多世纪的追求。从 1948 年 26 岁时在台北开办夜校，到 2015 年 93 岁逝世，67 年间筚路蓝缕，在海峡两岸创办了从幼儿园、小学、中学、中专一直到大学等 10 余所学校，培养学生几十万人，成为海峡两岸知名的教育家和企业家，为中华民族的教育事业和经济建设做出了巨大贡献。

王广亚先生一生心系祖国，热爱家乡，十分关心家乡的教育发展。1994 年，72 岁的王广亚在河南创办了大陆第一所经贸类私立大学——郑州大学升达经贸管理学院。2004 年，82 岁高龄的王广亚老先生不辞辛苦，频繁来往于台湾和大陆，在家乡距祖籍地海上桥村几公里处的巩义市东区，创办了现在的“郑州商学院”，使巩义这片洛汭之地有了一所颇具规模、辐射全国的全日制民办高等学府。他还争取到交换生的名额，为两岸青年学子提供相互了解、近距离接触的机会，用教育建立台湾与大陆的民间联系。

王广亚担任台湾私立教育事业协会理事长后，以教育家的眼光，对人才的培养有着高屋建瓴、精辟独到的见解，其声名远播海内外。他坚持教育实践与理论相结合，著有《教育行政》《进德与修业》《成功与失败》《杏坛履痕》《乐育菁莪集》等数十部著作。

王广亚生前为教育事业经常穿梭于海峡之间，八九十岁的耄耋老人，依然精神矍铄，步履快捷。这位经历丰富、内涵深厚的老人，衣着朴实，言语不多，举止文雅大方，目光真诚友善，处处透出儒家风范和独有的气质。

第十二节　当今贤士——河洛文化的积极传播者

在河洛文化核心区的巩义，热心于河洛文化研究和传播的人比比皆是。他们虽都是平凡人，但充满了文化自信，做出了不平凡的成就。他们从自身擅长的角度弘扬华夏文明，积极著书立说，讲述黄河故事，传承河洛文化，形成了河洛历史、河洛文学、河洛戏曲、河洛剪纸、河洛讲座、河洛沙龙等文化圈。

地方文史研究专家阎兴业先生，已80多岁高龄，但心理年龄仍然年轻。退休以来在研究河洛地区人文历史、传承河洛文化的征程上，跋涉巩义山川，游历中华大地，拍照片，查典籍，解读碑刻古联，整理文史资料，赋诗撰文，讲学交流，笔耕不辍。所出版的《诗乡漫语》《诗乡芳草》《诗乡莺歌》，用浪漫的语言歌颂河洛文化，被称为“诗乡三部曲”。阎老先生还以文治家，营造家庭浓浓的读书氛围，获全国“书香之家”称号。

河南省作协会员、小小说学会秘书长，郑州作家协会副主席，巩义市兼职文联副主席、作家协会主席侯发山，是河洛地区的多产作家，曾发表小说和散文上千篇，获奖无数，有6部作品被搬上银幕。侯发山的《河洛故事》《黄河谣》《唐三彩》等带有河洛地区鲜明特征的文学作品，连连获奖，为河洛文化增添了绚丽光彩。

河南省非物质文化遗产河图洛书代表性传承人李书升，对河洛文化研究至深，有《天下奇观·河洛汇流》《河洛汇流·战争史话》《打开天书·河洛汇流》等多部有分量的著作。李老师多年来积极协助考古部门对巩义大地的古迹发掘，如洪沟遗址、花地嘴遗址、双槐树遗址等都有他的足迹。李老师在国家、省、市的报刊上发表多篇研究文章，为文物考古和古迹研究专家提供了不少有价值的参考资料，为研究河洛历史文化做出了较大贡献。

巩义市原民俗研究会会长、80多岁高龄的刘福兴先生，倾心研究易学二十载，曾于2019年11月，受邀到上海财经大学参加“先天八卦的当代阐释”全国小型高层学术论坛。刘福兴先生“深解八卦滥觞河图洛书”的发言，博得了与会专家的赞誉。刘福兴先生还带去专门定制的用黄河水与洛河水构成的太极八卦摆件和巩义书法名人的字幅，赠送给上海财经大学，为宣传河洛文化巧制礼品，彰显了河洛人的河洛情怀和文化自信。

河南省非遗项目、河洛剪纸第四代传承人曹慧贞，曾被邀请到北京、南京、四川、郑州、新乡等地进行技巧传授与讲学，为河洛文化的传播做出了不懈的努力。曹女士致力于培养第五代传承人，到多地开展义务讲座，将河洛剪纸艺术毫无保留地传给所有热爱剪纸艺术的人。十几年来，曹慧贞河洛剪纸取得了丰硕的成果。2019年，曹惠贞召集徒弟做了56米长卷，取意中华56个民族是一家，为全国农民运动会献礼，并登上了吉尼斯世界纪录。

在中学时期就心心念念钟情于巩县白瓷的韩红立先生，在创业成功积累了一定资金后，创办了巩义龙福白瓷手工艺有限公司，以“传承河洛文化　复兴巩义白瓷”为己任，在继承传统的基础上发扬光大，不断创新，完善白瓷的标准化和规范化生产，用现代新技术、新方法使巩义白瓷更有内涵，更加熠熠生辉、洁白如玉。

从小就对陶瓷感兴趣的游光明先生，继承巩县窑唐三彩烧造技艺，成功申报河南省非物质文化遗产代表项目，守正创新，使巩义唐三彩再现辉煌。

钟兆辉、曹振普、乔海通等一批年富力强的摄影家，身背相机，风尘仆仆，不辞劳苦，甘于奉献，用镜头记录河洛文化，从独特视角弘扬河洛精神。钟兆辉在大量了解河洛文化的基础上，积极参与创办“巩义历史文化研究中心”，凝聚力量，整合资源，把巩义的河洛文化研究不断推向新高度。

人杰地灵的洛汭地区，数不清、道不完的古今名人还有很多，比如北宋独拔头筹的状元郎蔡齐、南宋时期的状元卢亚，清末中国新学的先驱王抟沙，近代早期民主革命家刘觉民，坚强的抗日英雄白桐本，民国时期三次担任河南大学校长的教育家张仲鲁，当代享誉海内外的黄河书画家谢瑞阶，诗书画并臻的书法理论家刘延涛，历任五国大使的外交家王国权，中国首位女副总理吴桂贤，退休后在河洛文化研究领域颇有建树的王振江、孙宪周、魏三兴等，为洛汭地区考古事业春蚕蜡炬奋斗到生命最后的巩义市博物馆前馆长王保仁，研究河洛文化著书立说硕果累累直至生命尽头的贺宝石……这些自古至今的洛汭明珠，熠熠发光，洒满了河洛大地，闪烁着人文风采和文化魅力，有了他们，河洛文化更加厚重，黄河文化更加灿烂，中华文明更加辉煌。

【达标检测】

1. 列举洛汭名人中最能打动自己的部分，写一篇心得体会。
2. 用卡通画或者连环画的形式表现名人故事。
3. 查阅资料，谈谈王广亚先生的教育思想。

参考文献

[1] 吴涛．河洛文化十五讲 [M]. 郑州：河南人民出版社，2020.

[2] 郭沫若．中国史稿（第一册）[M]. 北京：人民出版社，1976.

[3] 河南省文物考古研究院，中国文化遗产研究院，日本奈良文化财研究院．巩义黄冶窑 [M]. 北京：科学出版社，2016.

[4] 魏三兴．巩义石窟寺史话 [M]. 郑州：中州古籍出版社，2016.

[5] 刘玉杰．河洛民俗 [M]. 济南：黄河出版社，2014.

[6] 巩义市文物和旅游局．解读宋陵 [M]. 郑州：河南科学技术出版社，2013.

[7] 毛葛．巩义三庄园 [M]. 北京：清华大学出版社，2013.

[8] 巩义地方史志编委会．巩义市志 [M]. 郑州：中州古籍出版社，2012.

[9] 河南省文物研究所．中国石窟·巩县石窟寺 [M]. 北京：文物出版社，2012.

[10] 王振江等．巩义史话（上 / 中 / 下）[M]. 郑州：中州古籍出版社，2012.

[11] 王建设等．巩义民俗志 [M]. 郑州：中州古籍出版社，2011.